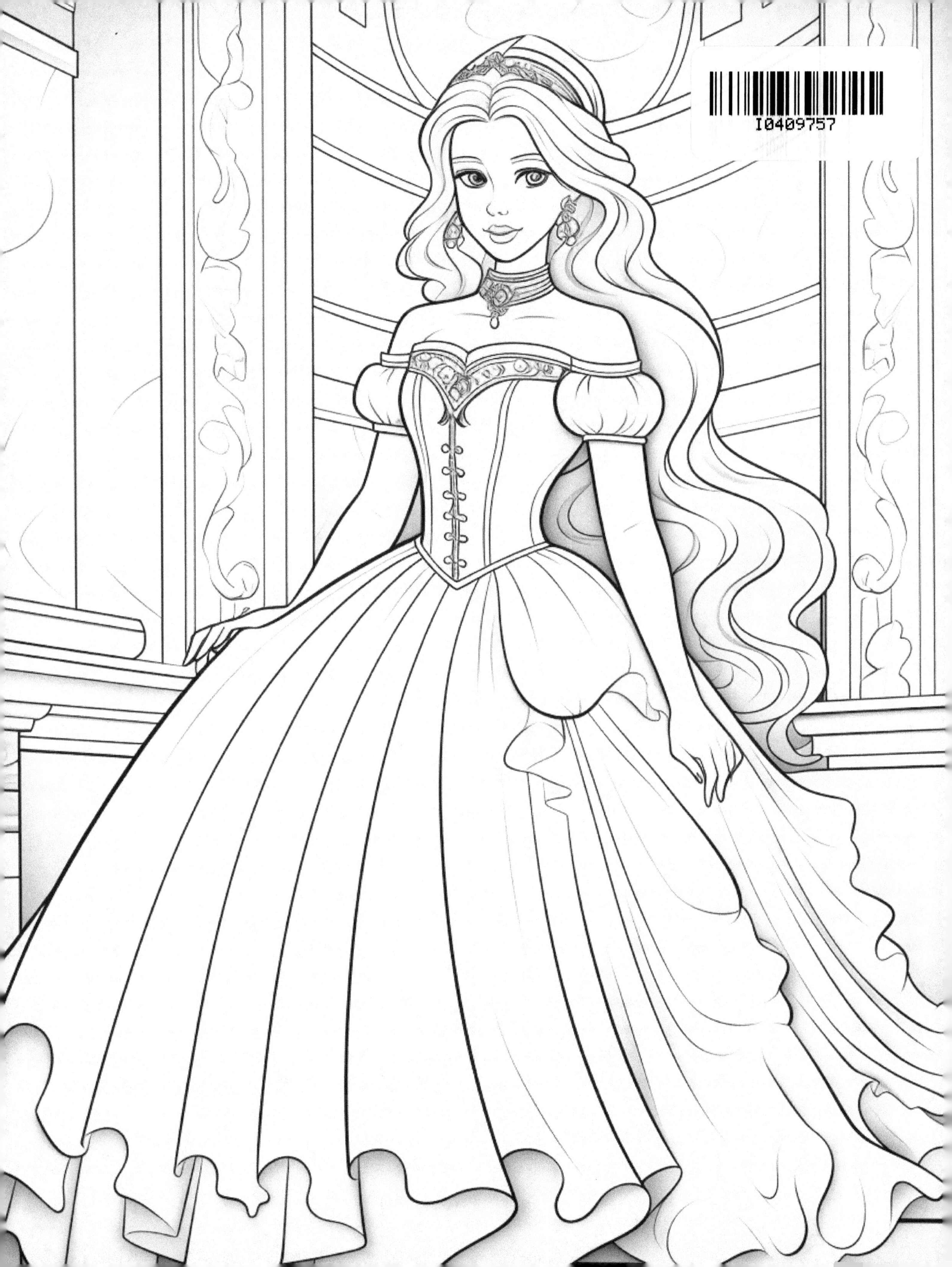

I0409757

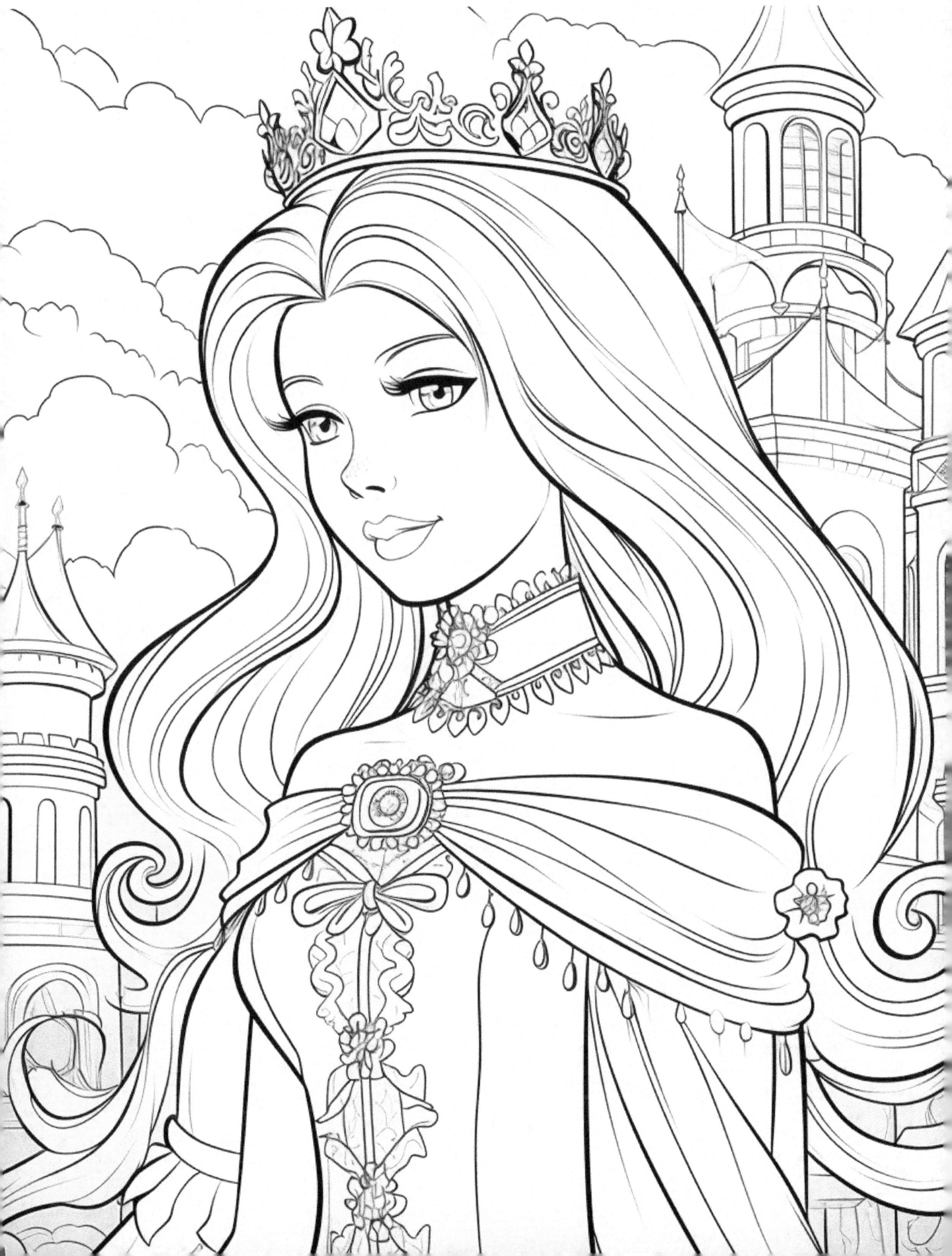

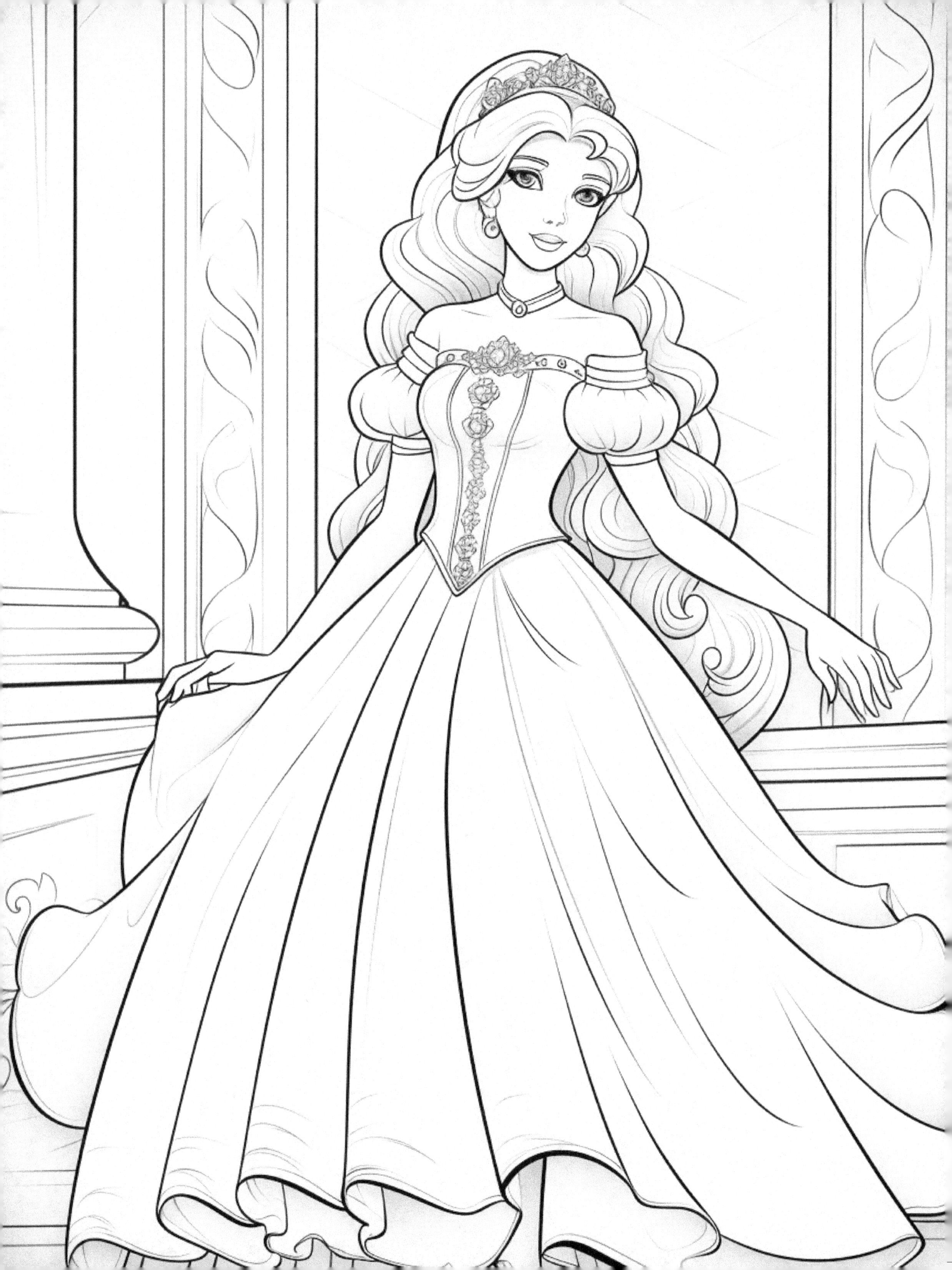

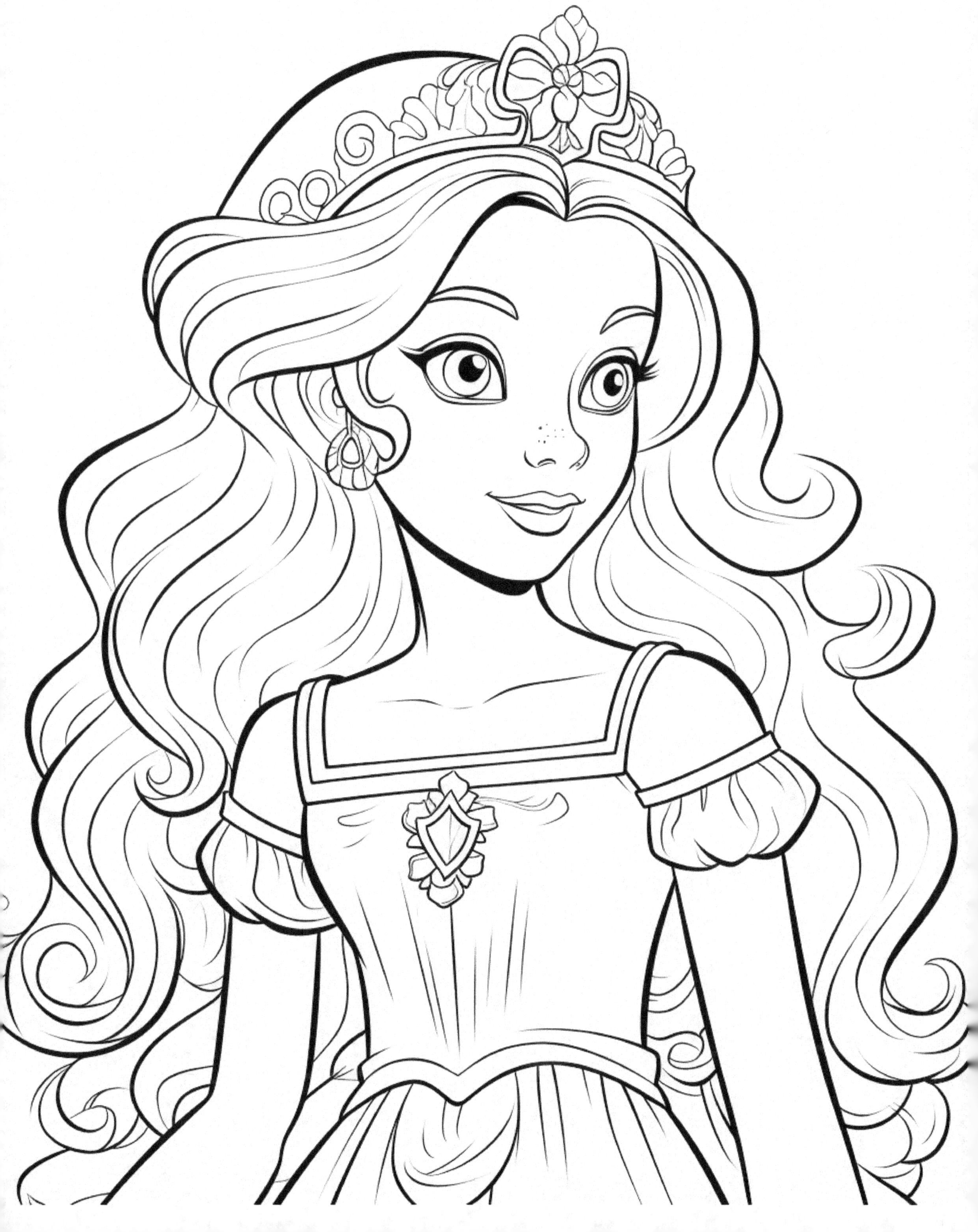

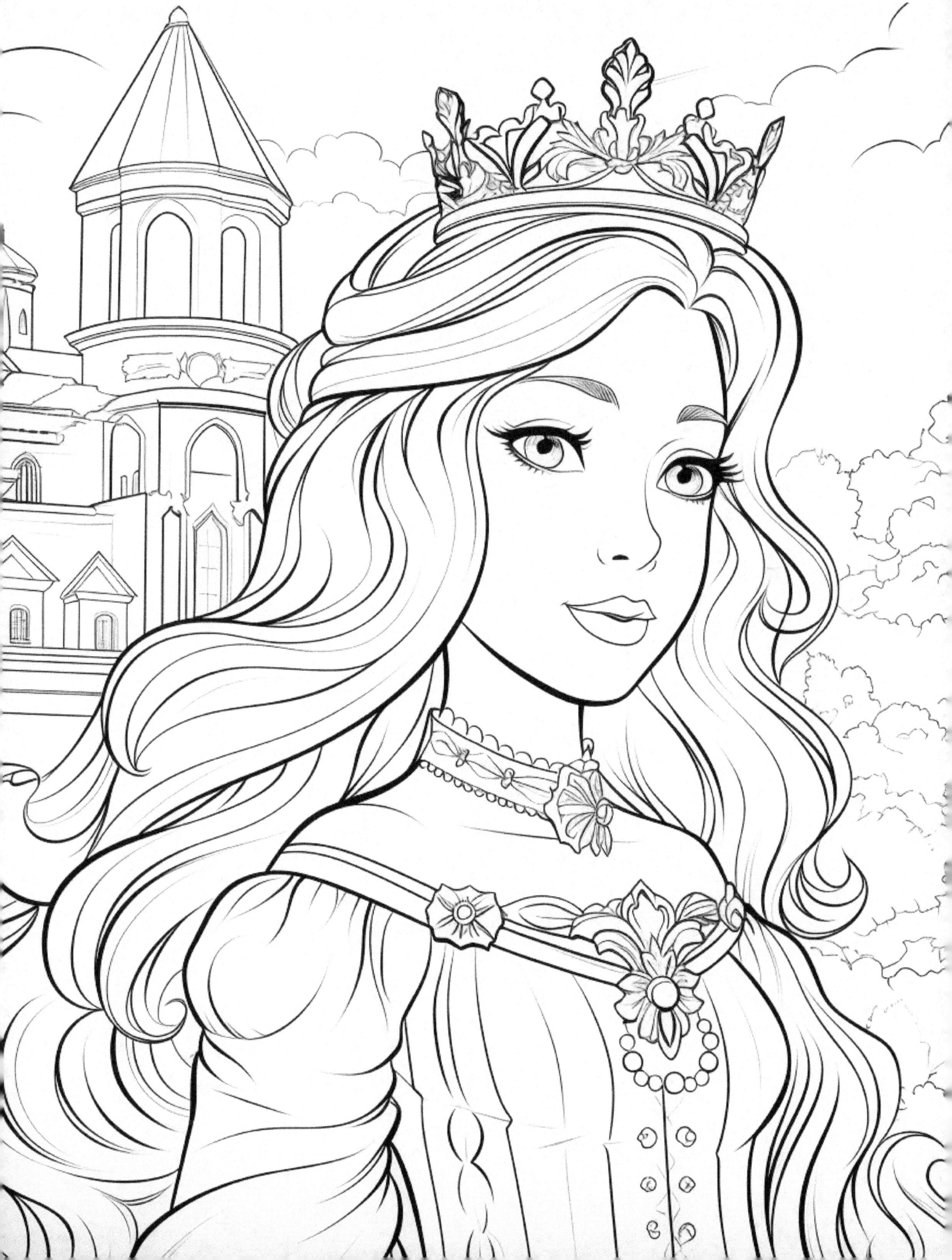

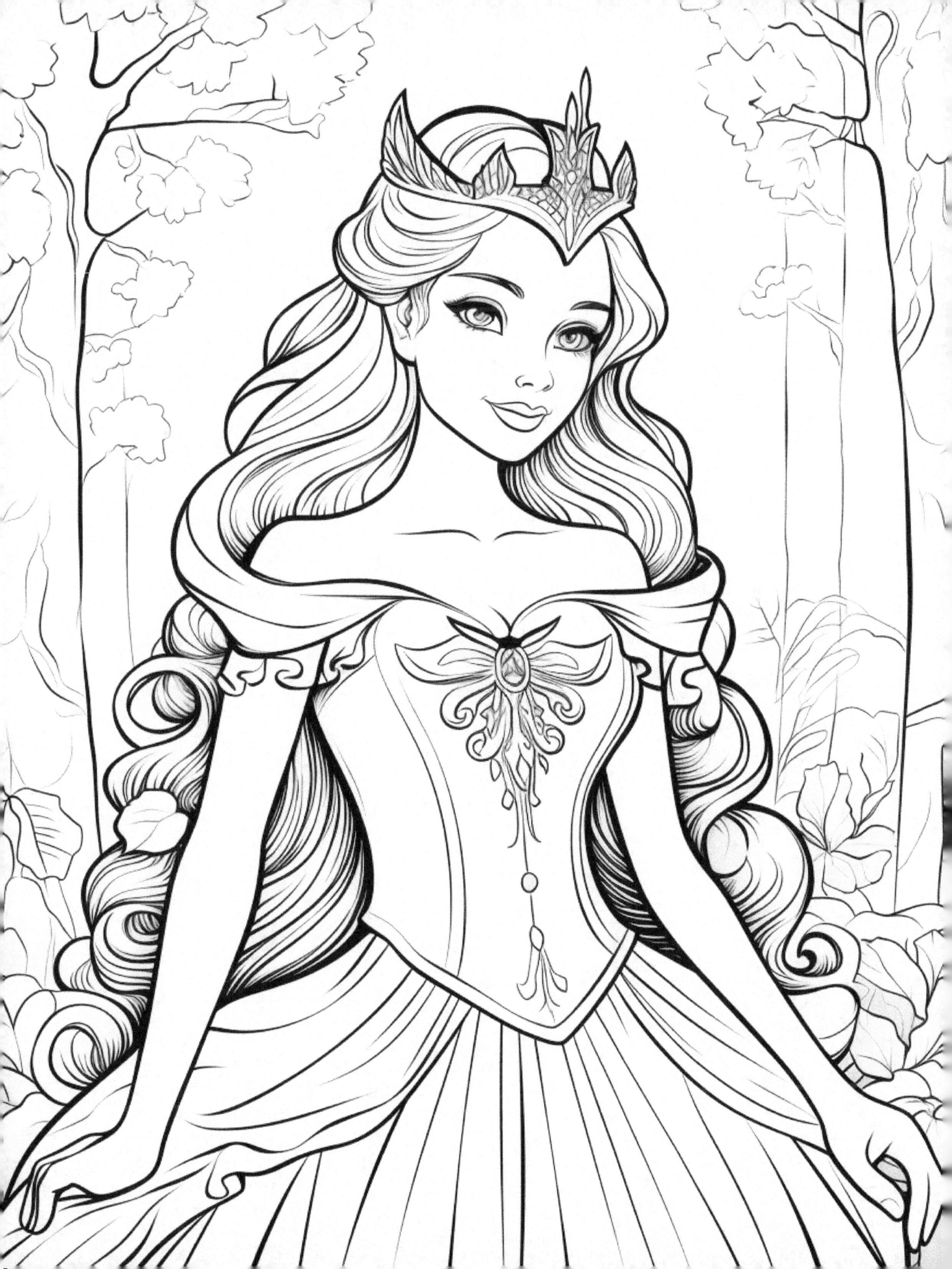

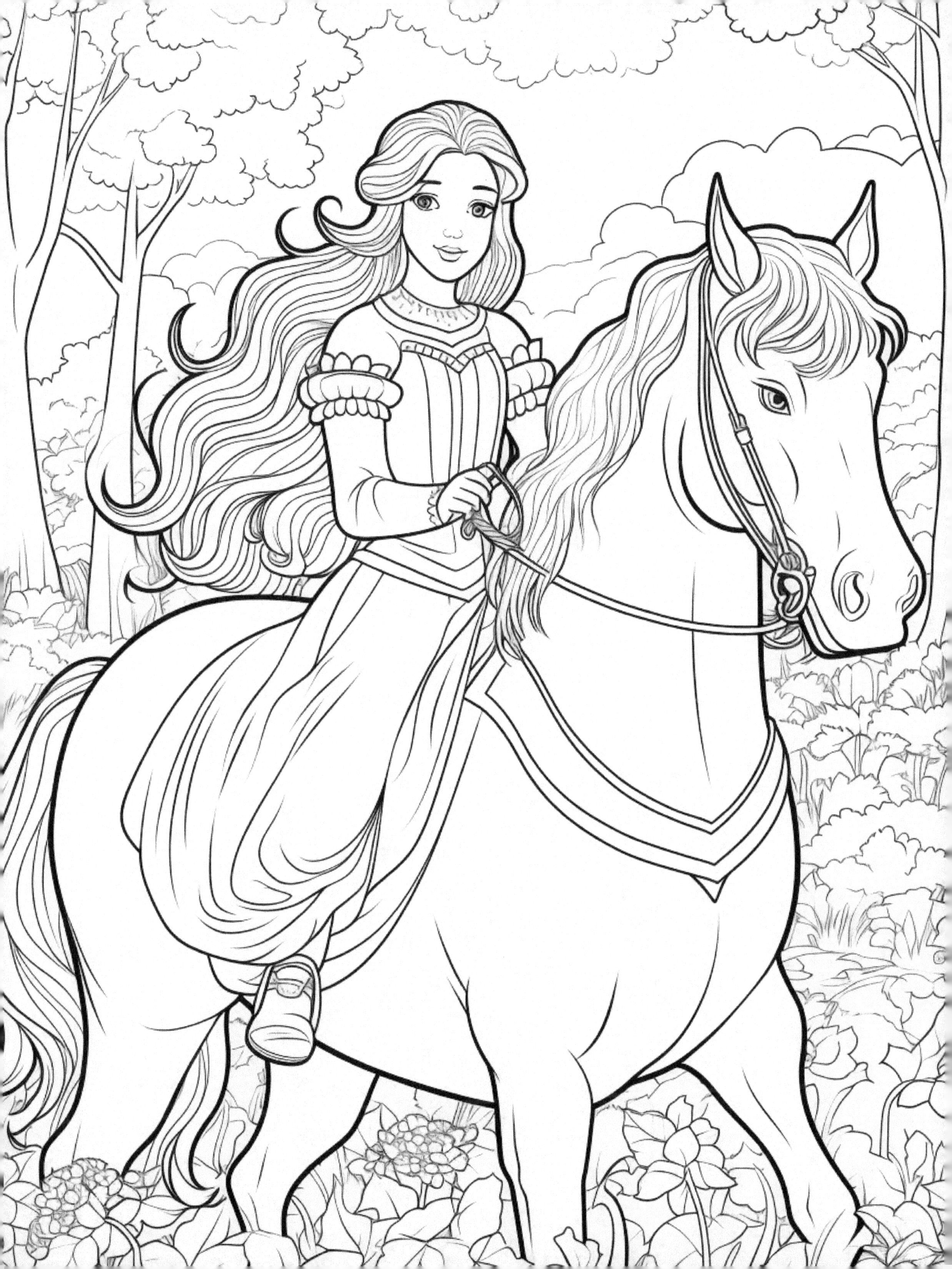

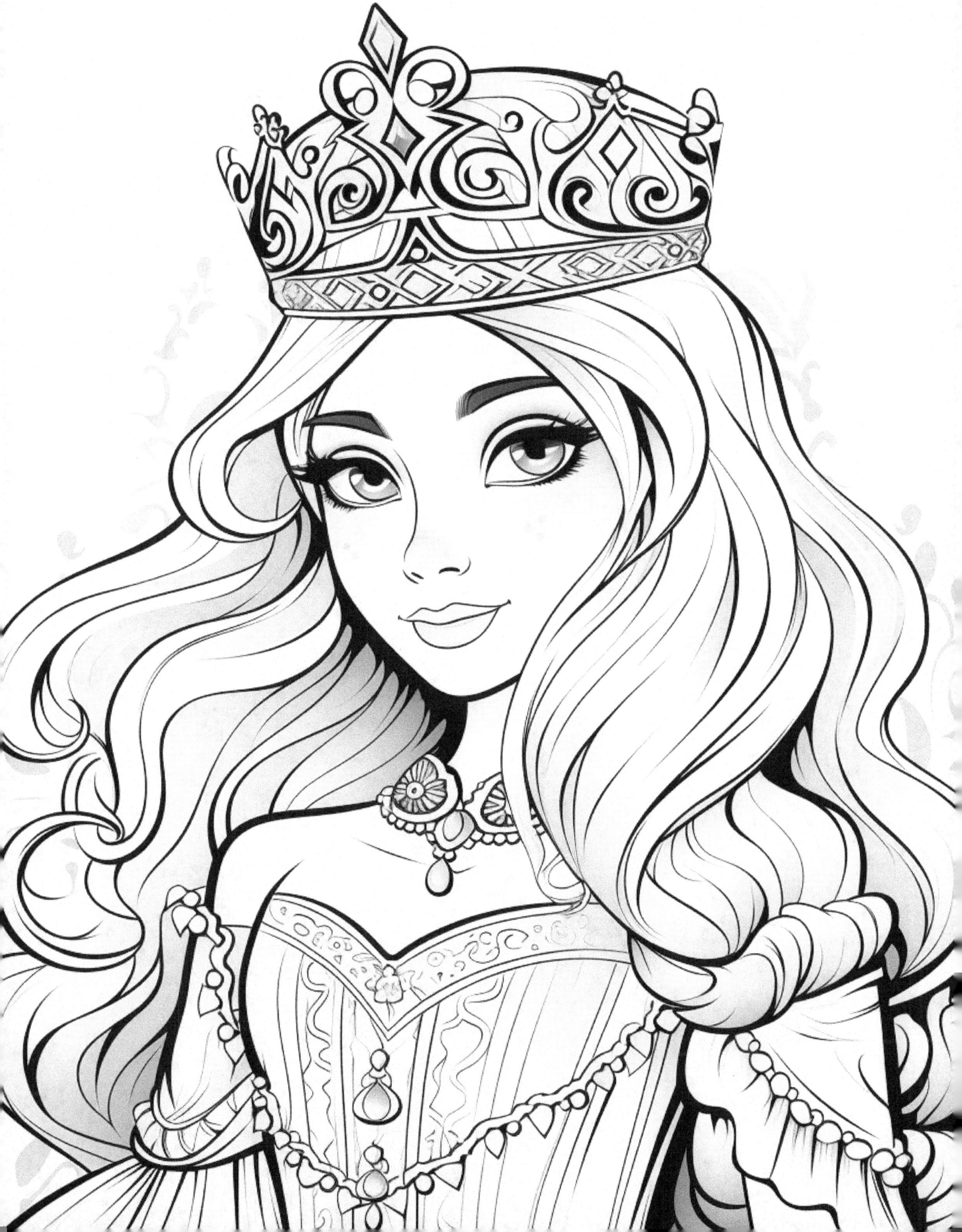

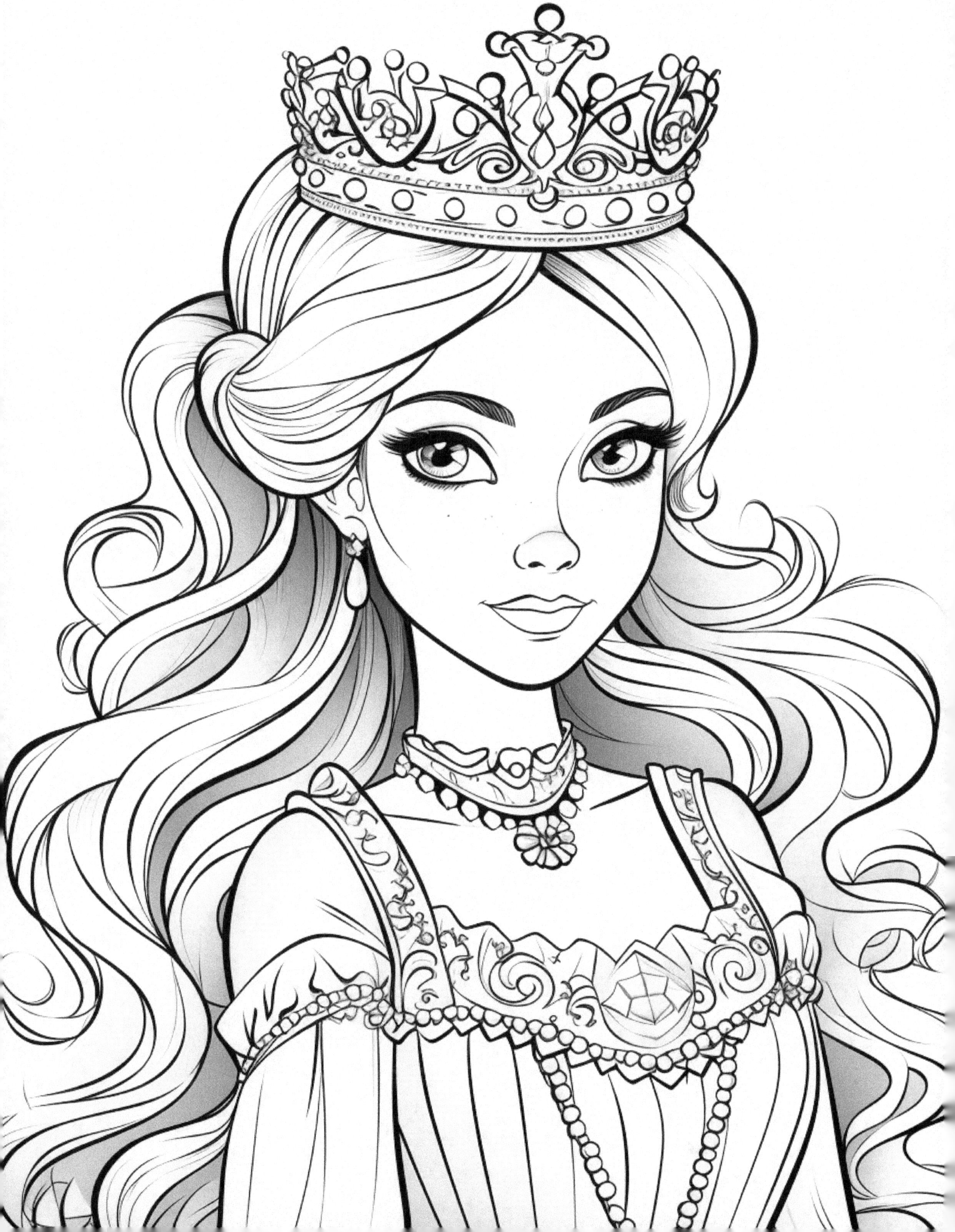

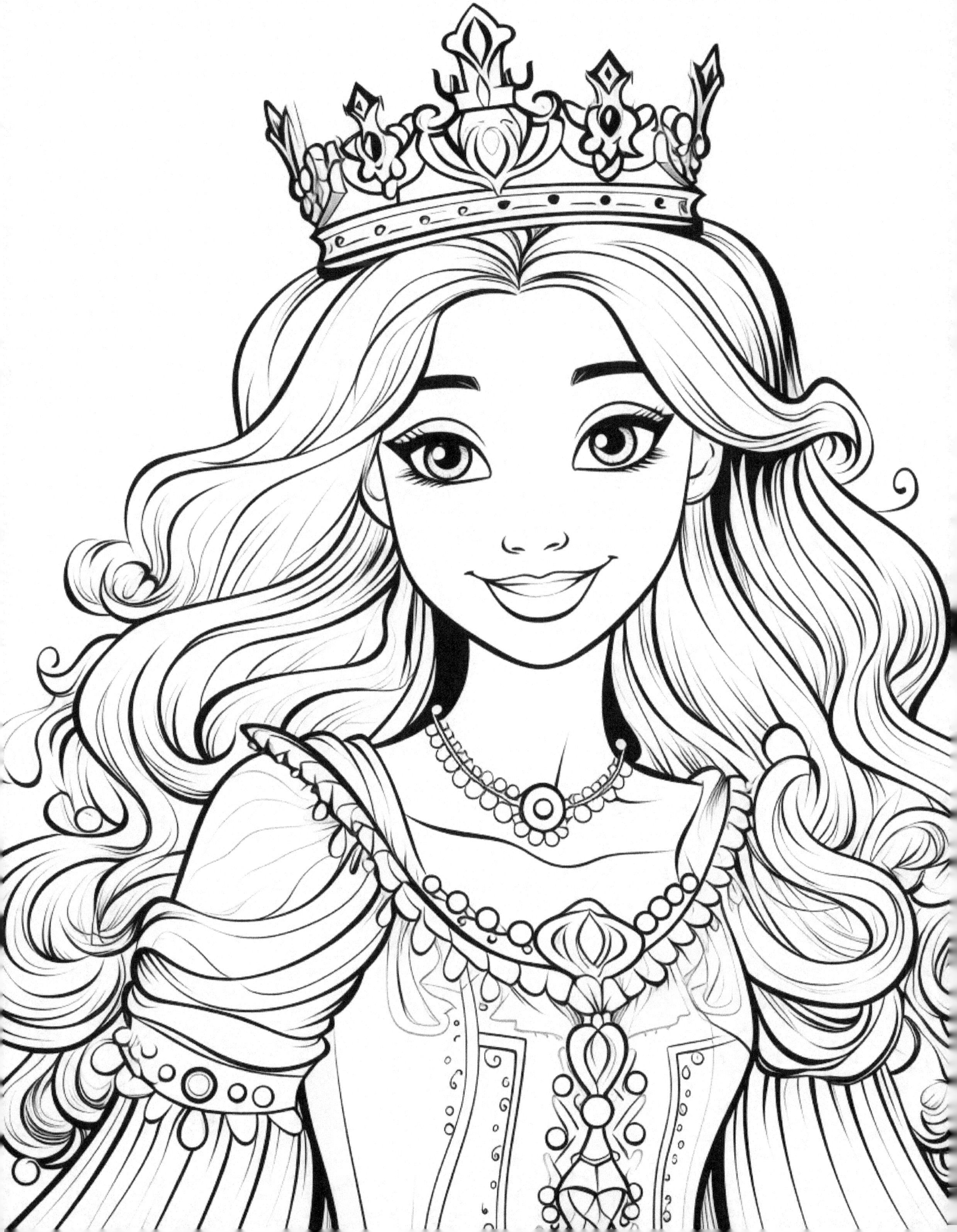

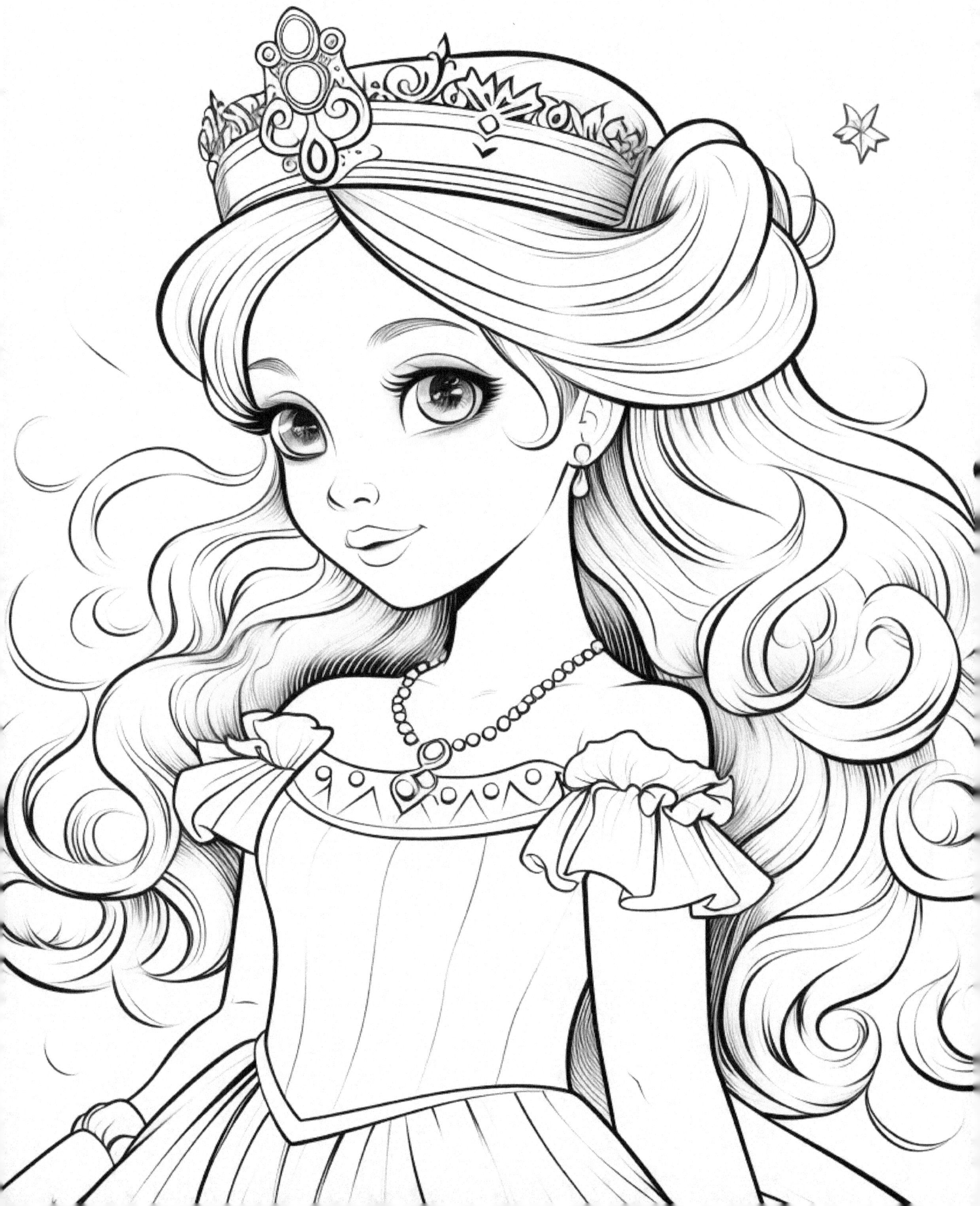

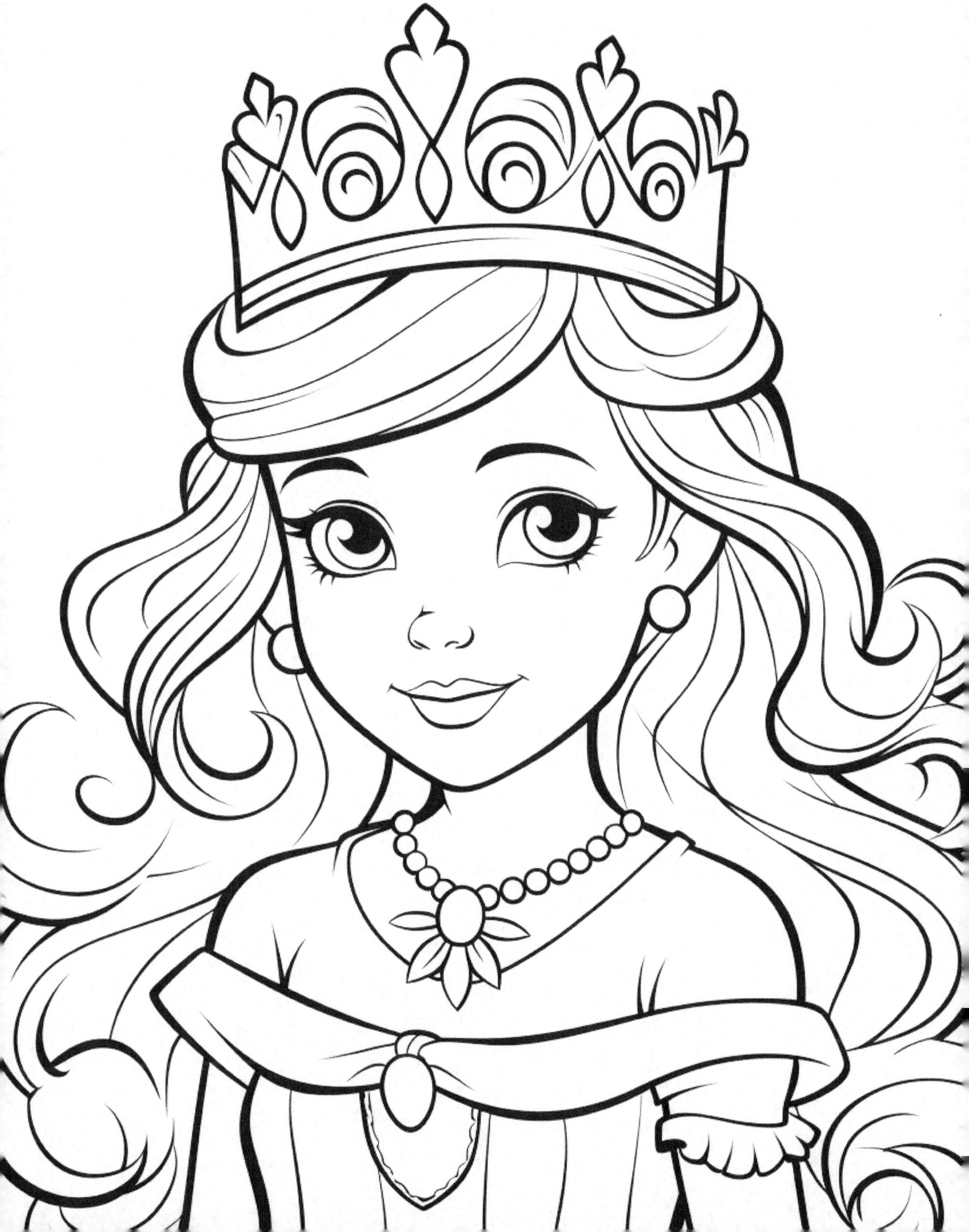

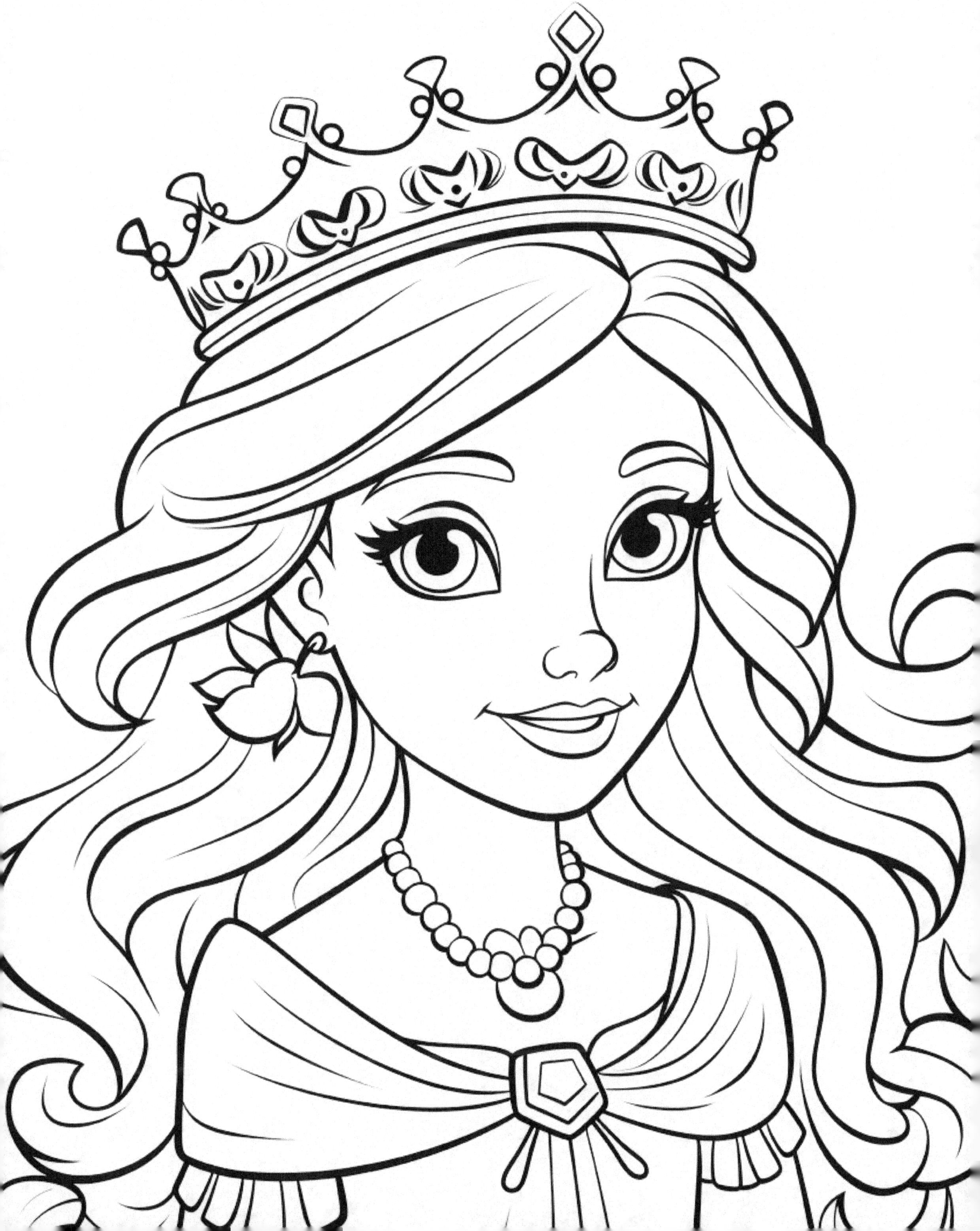

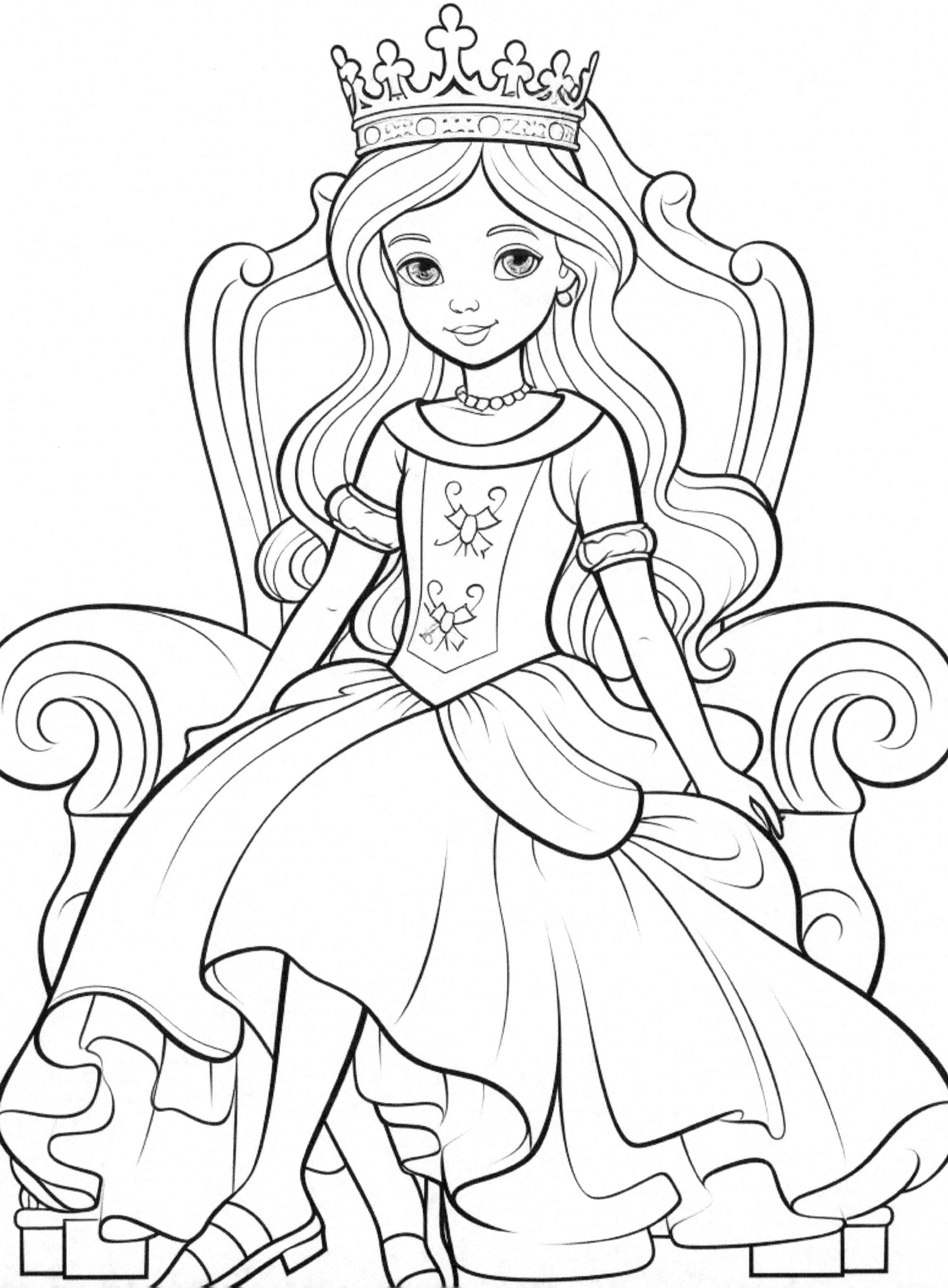

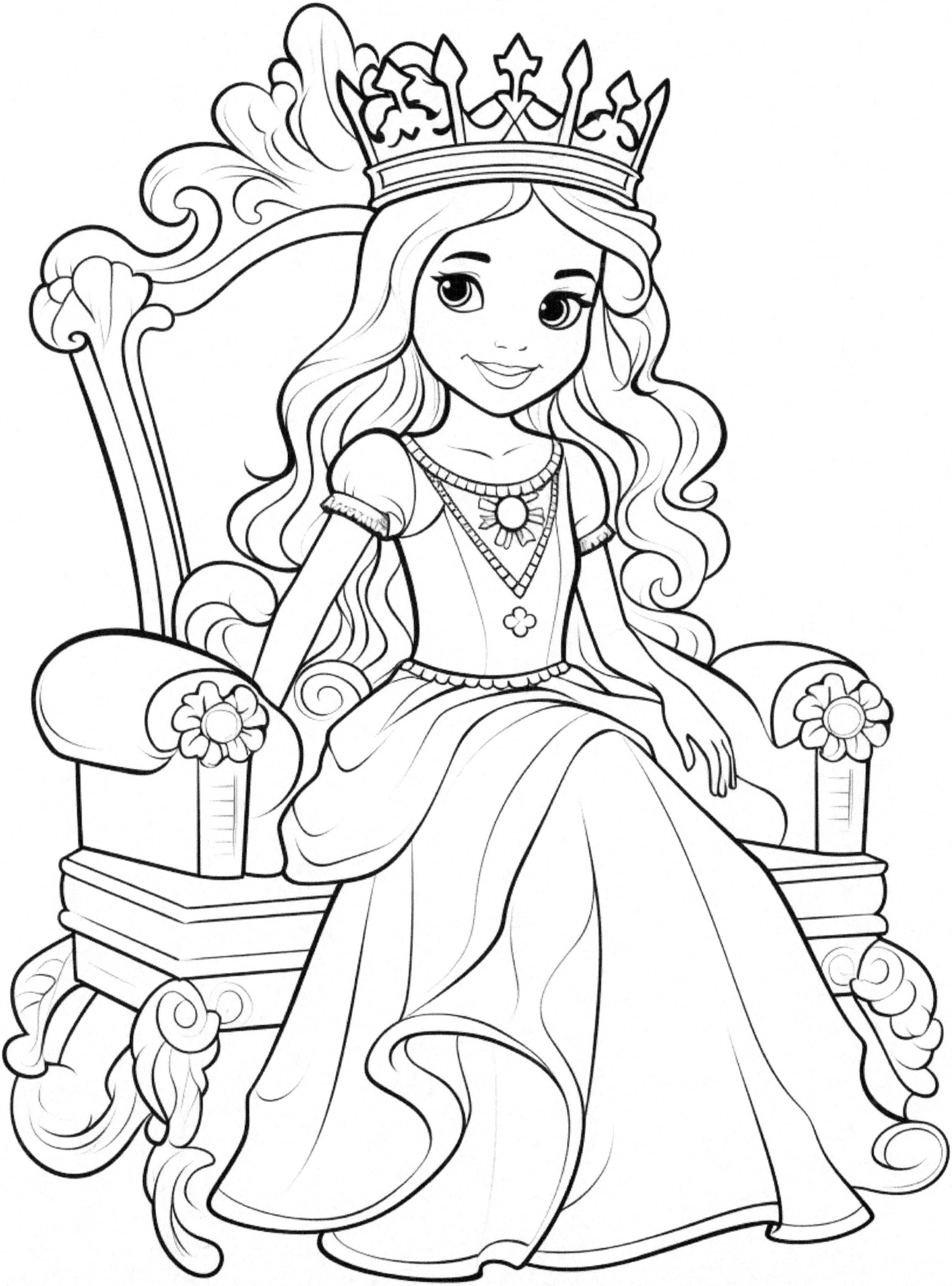

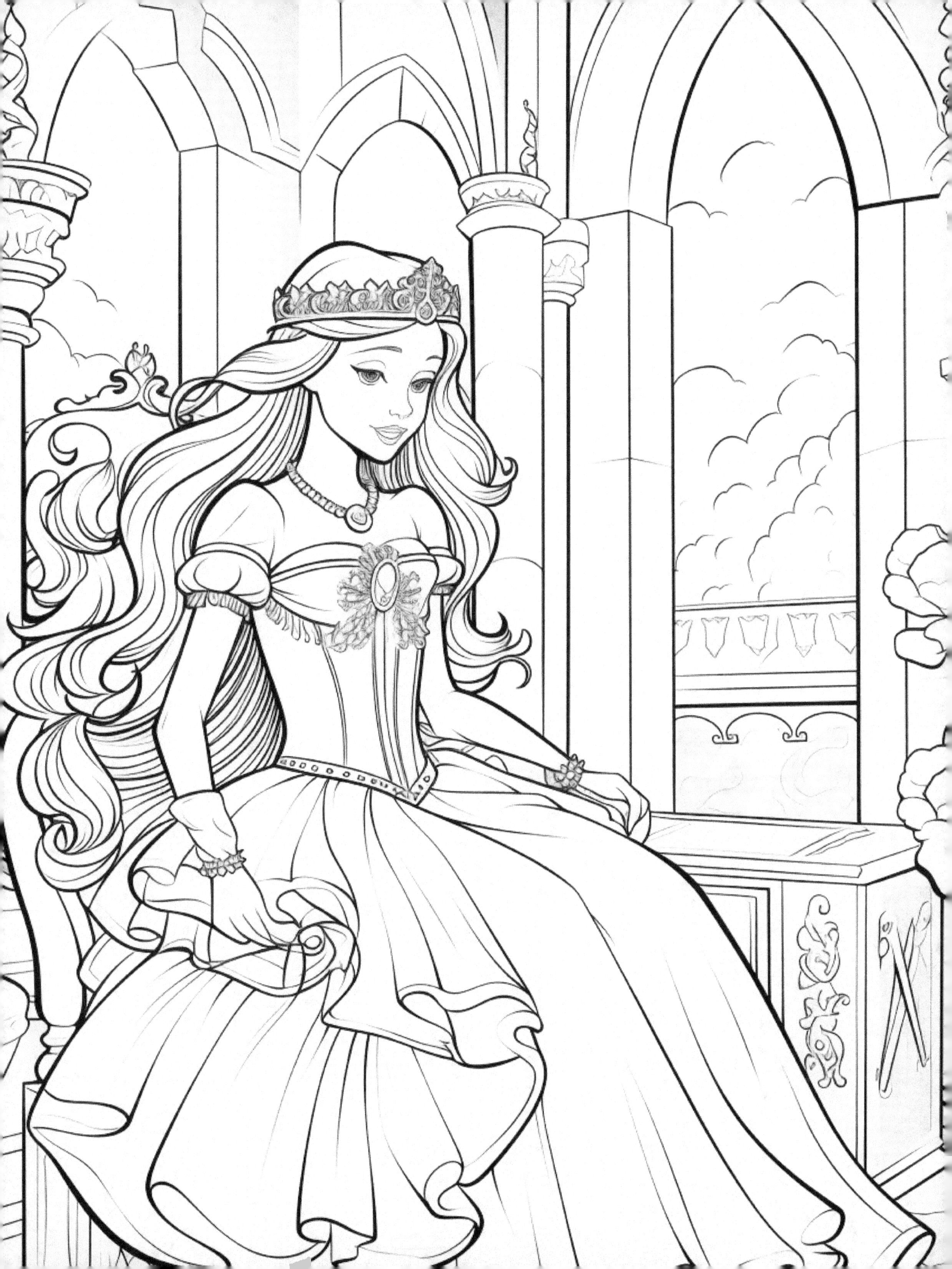

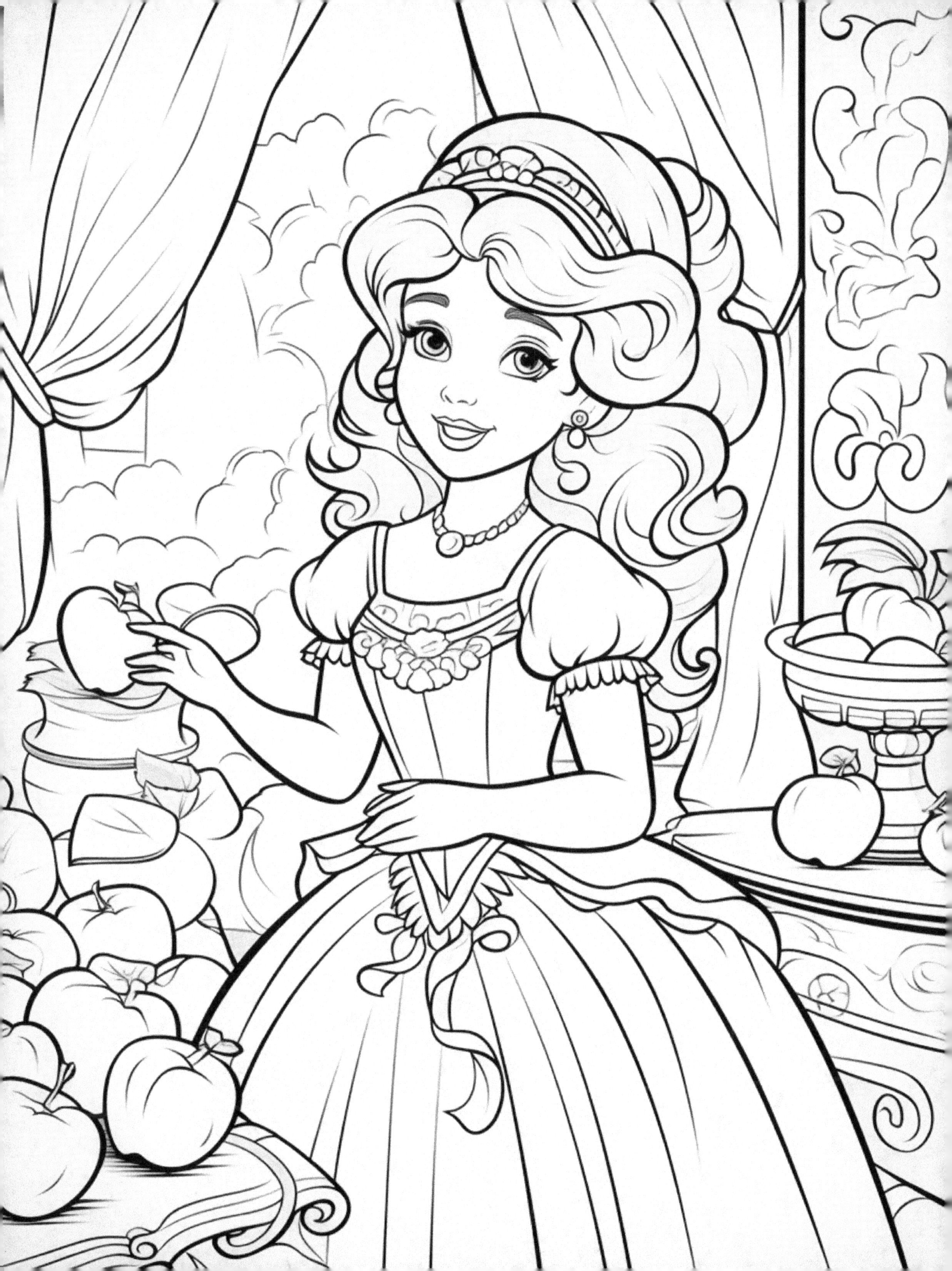

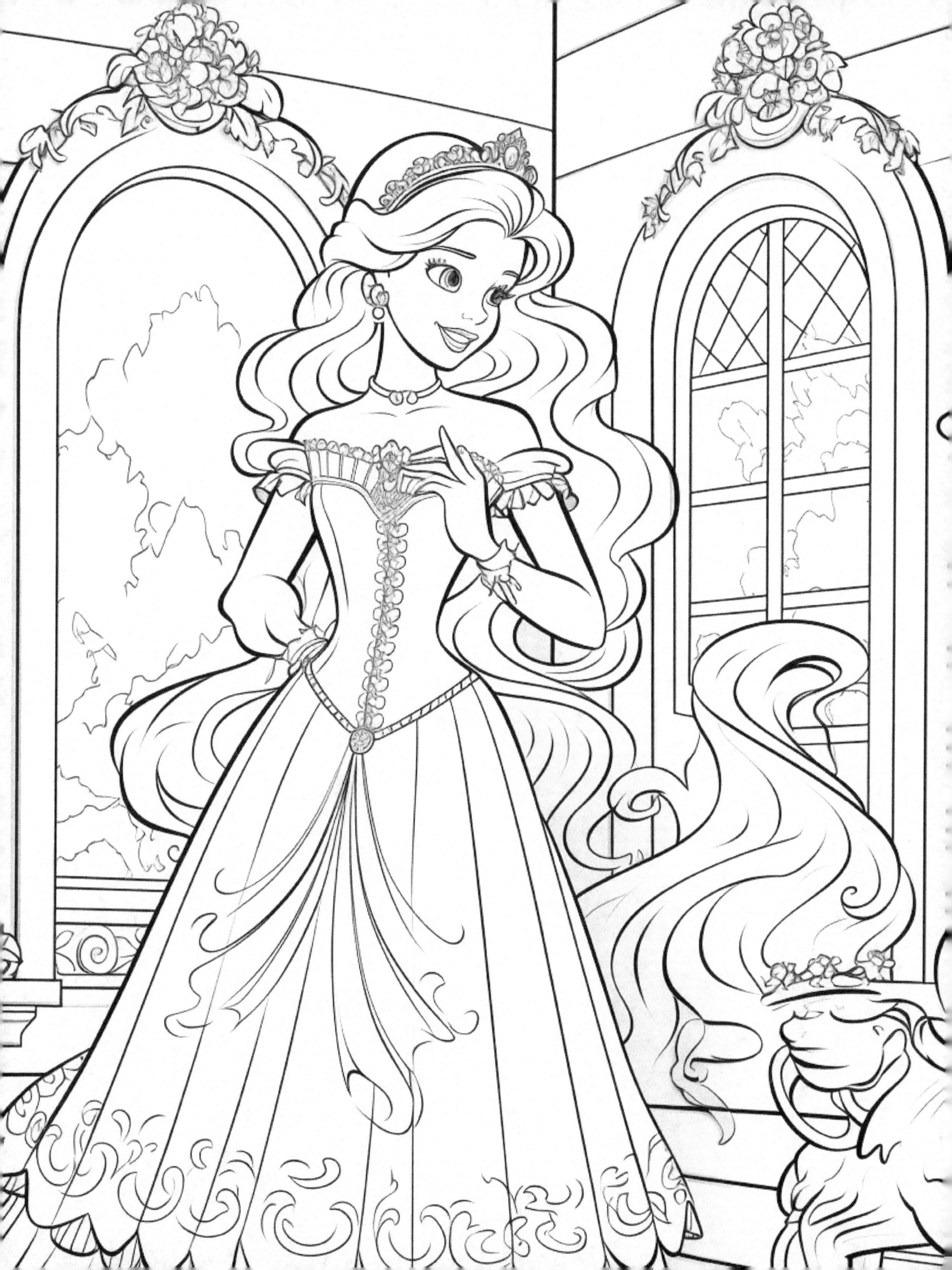

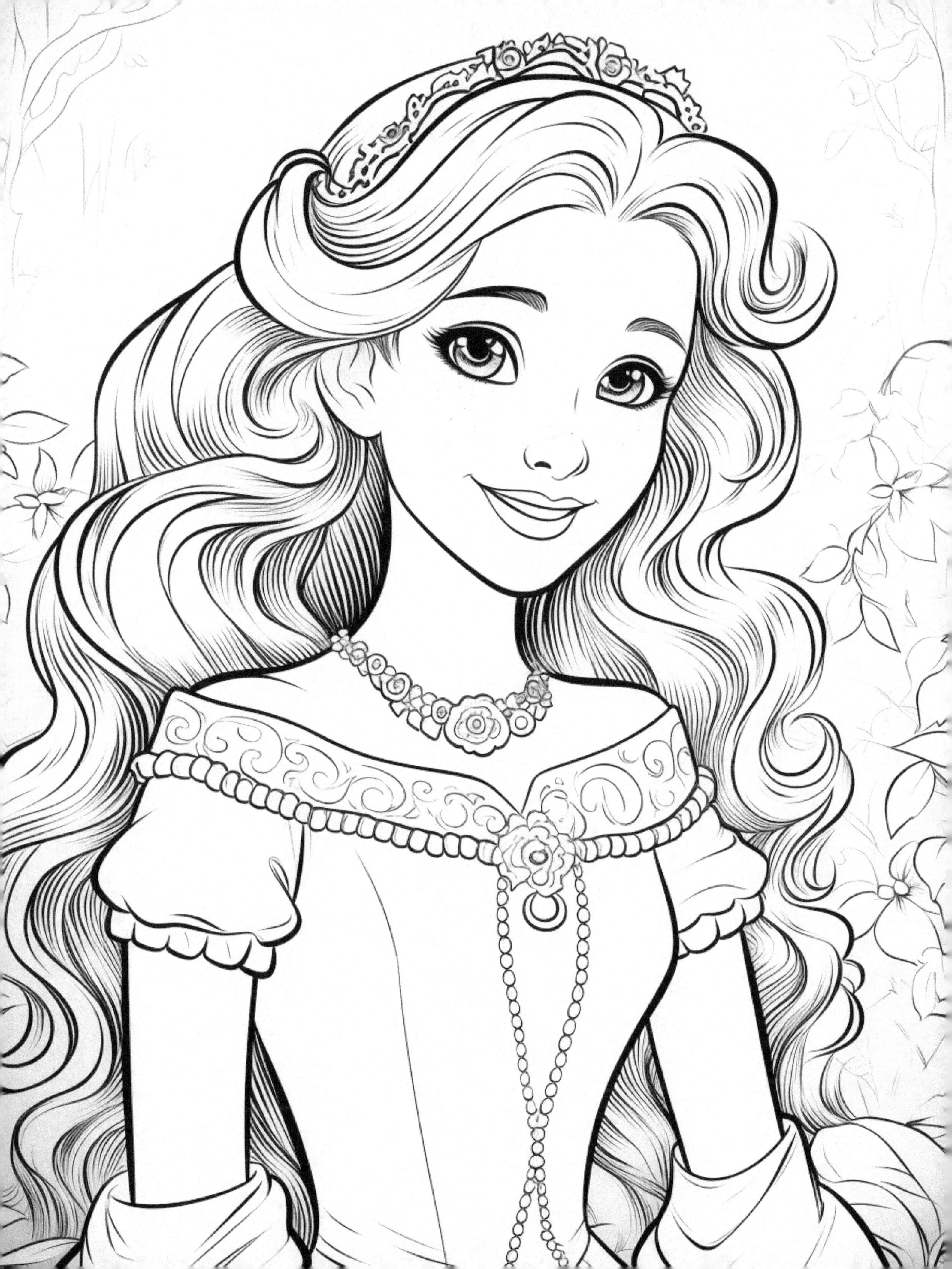

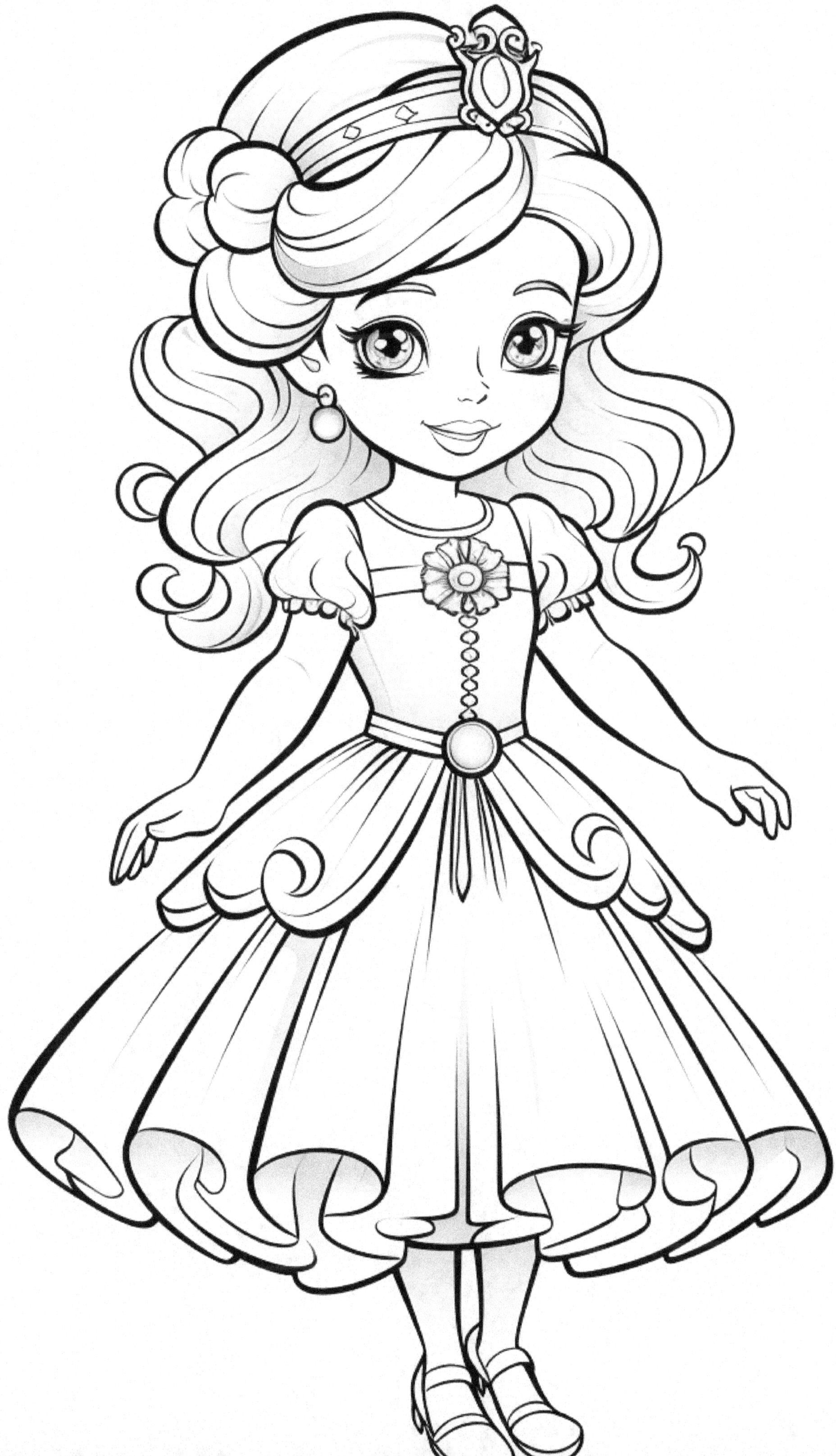

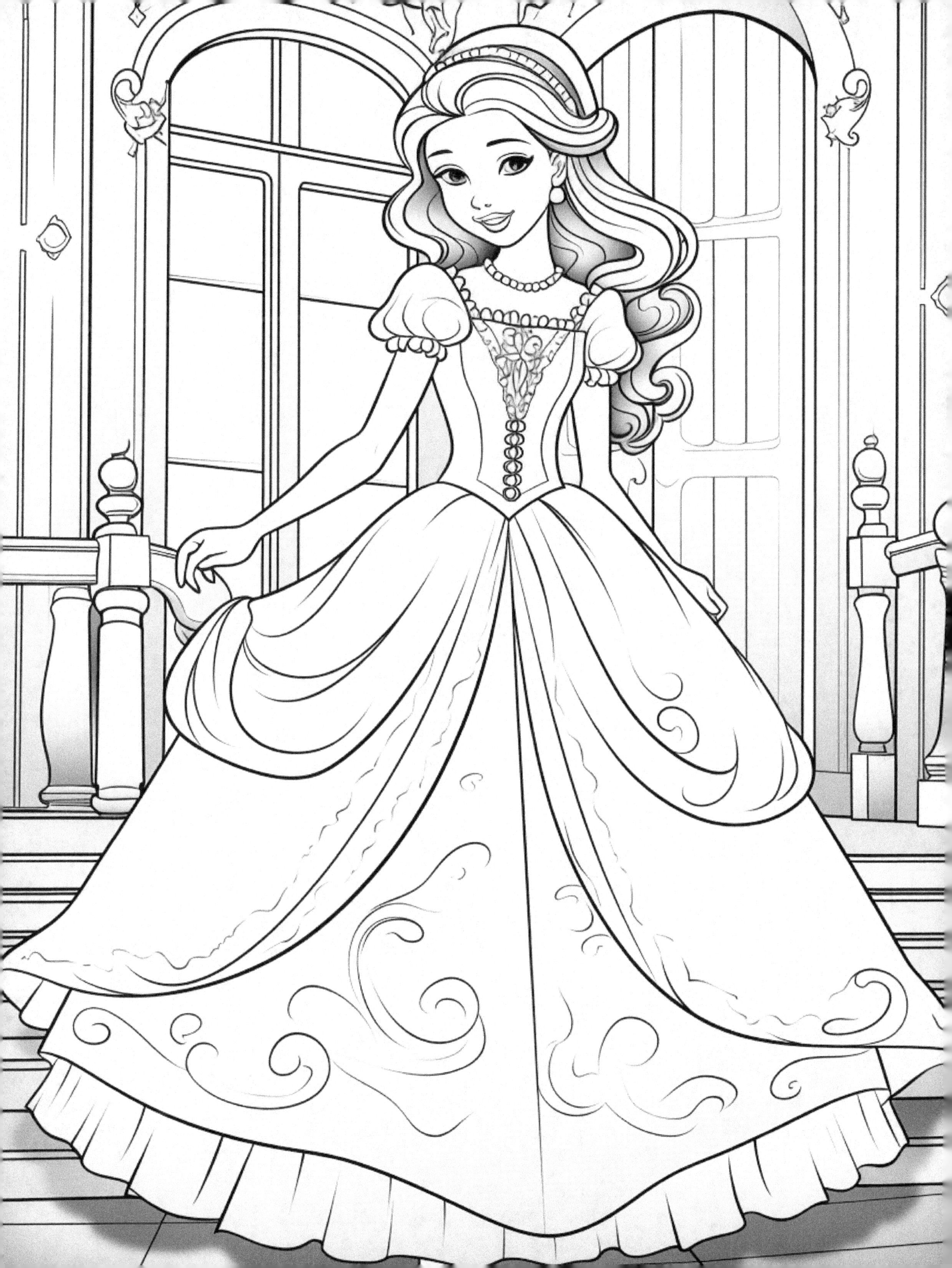

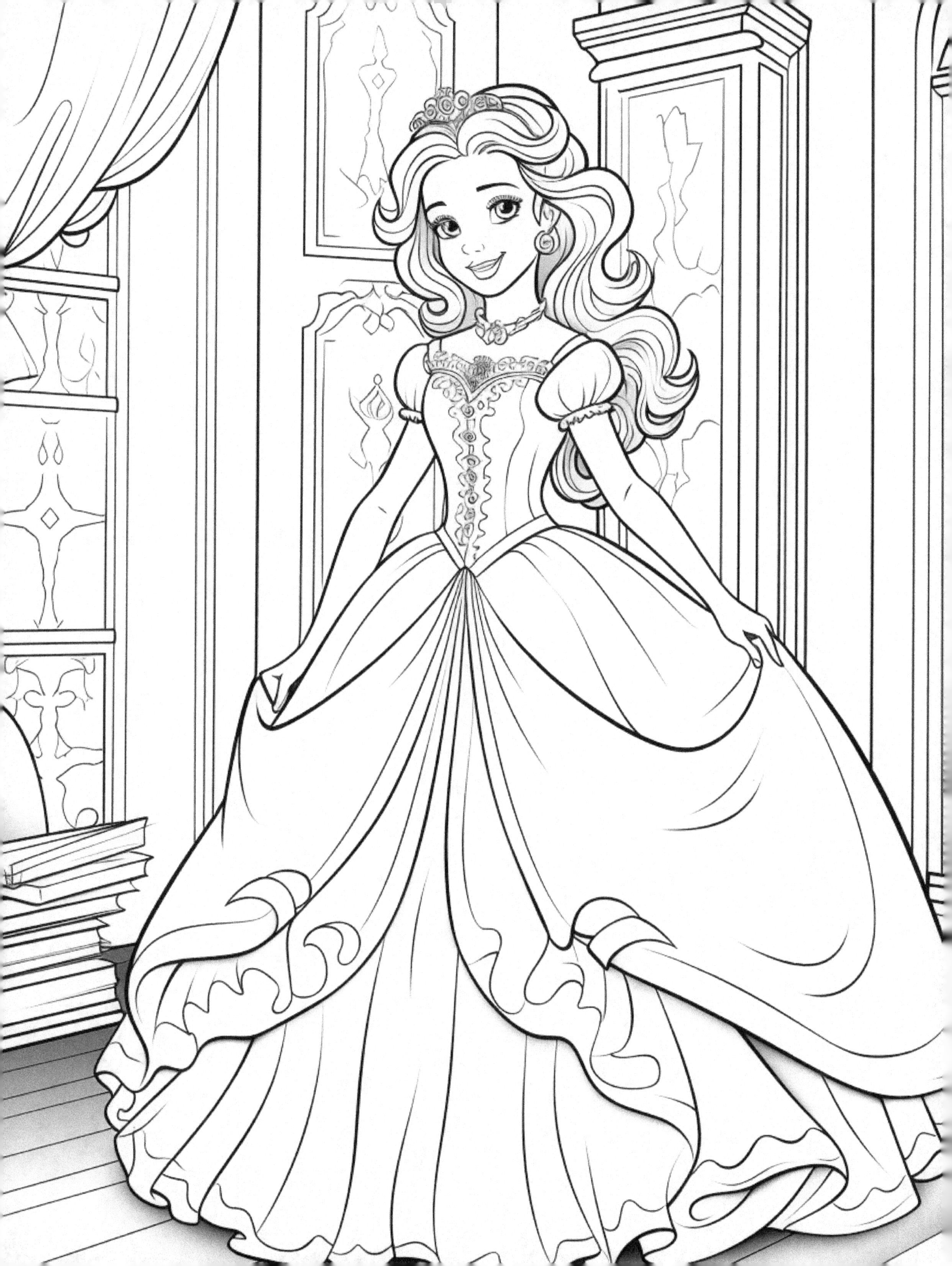

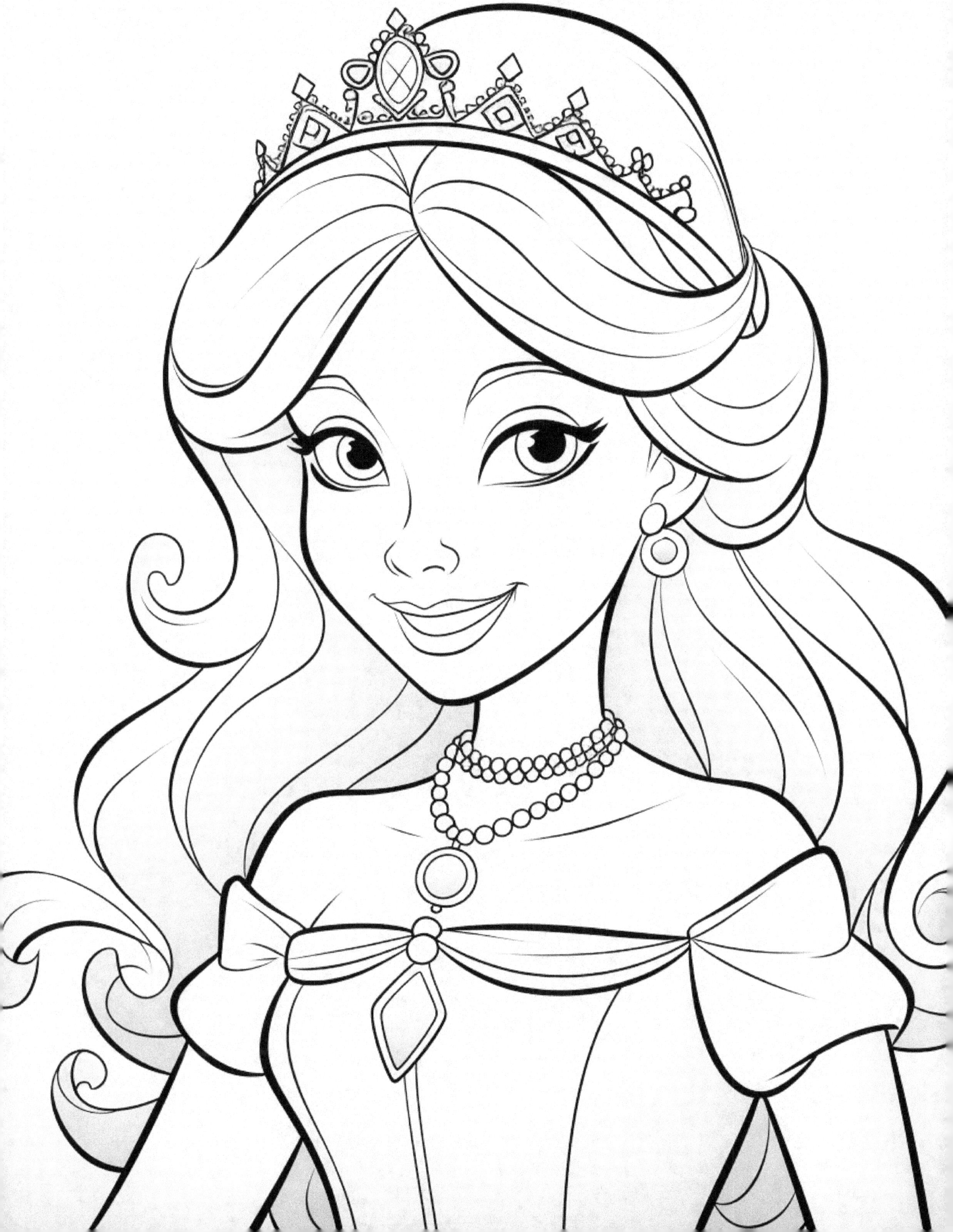

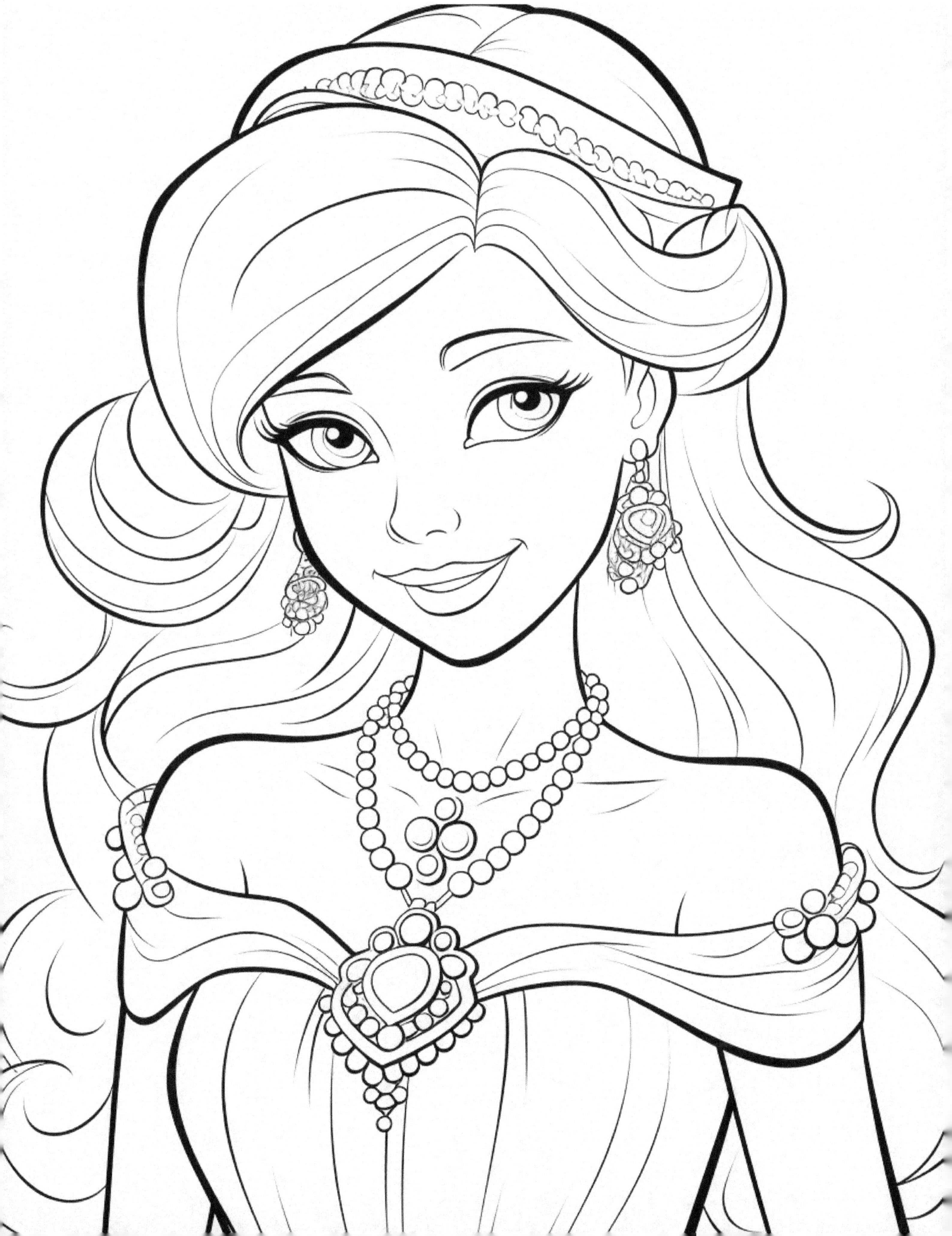

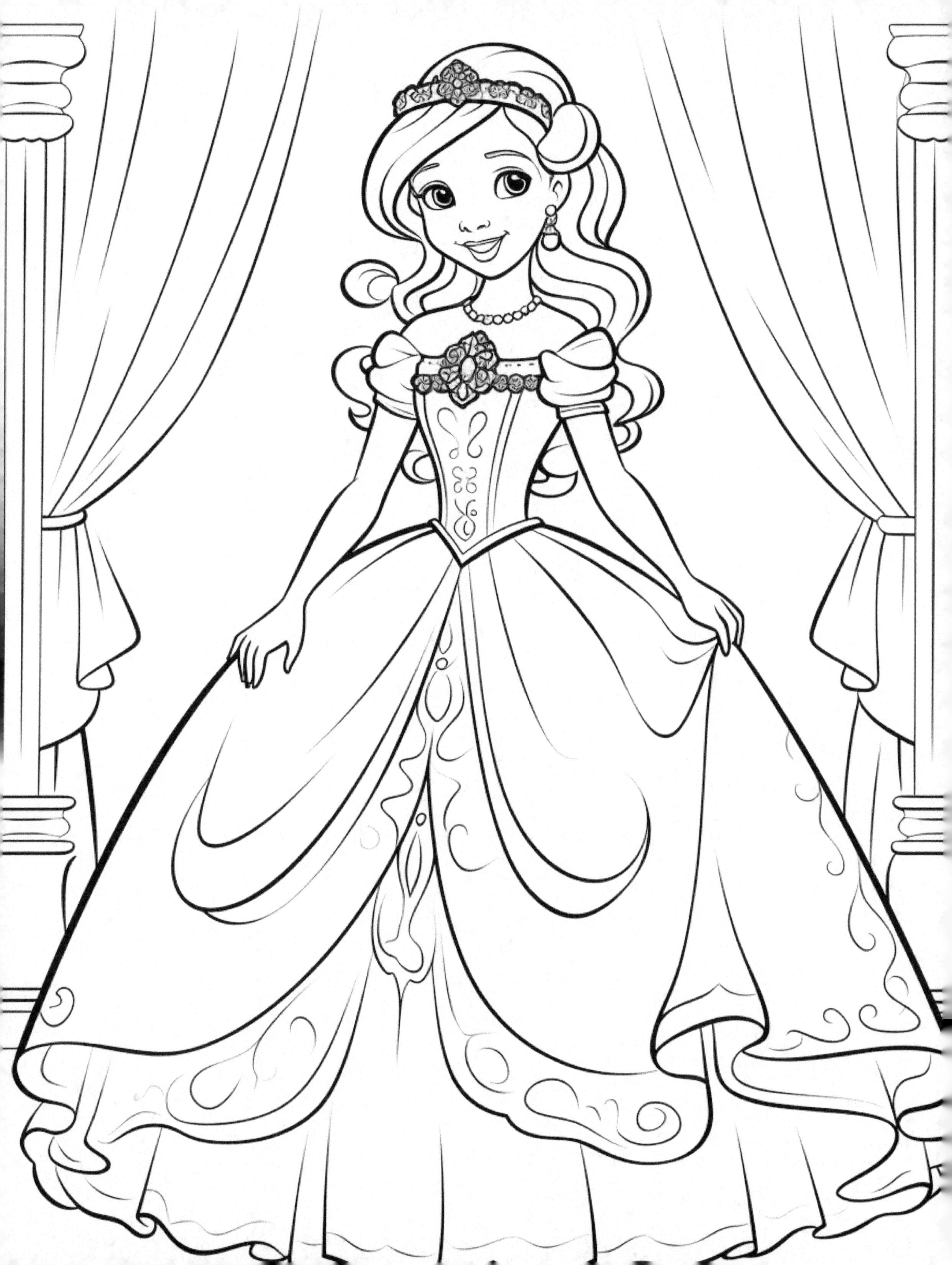

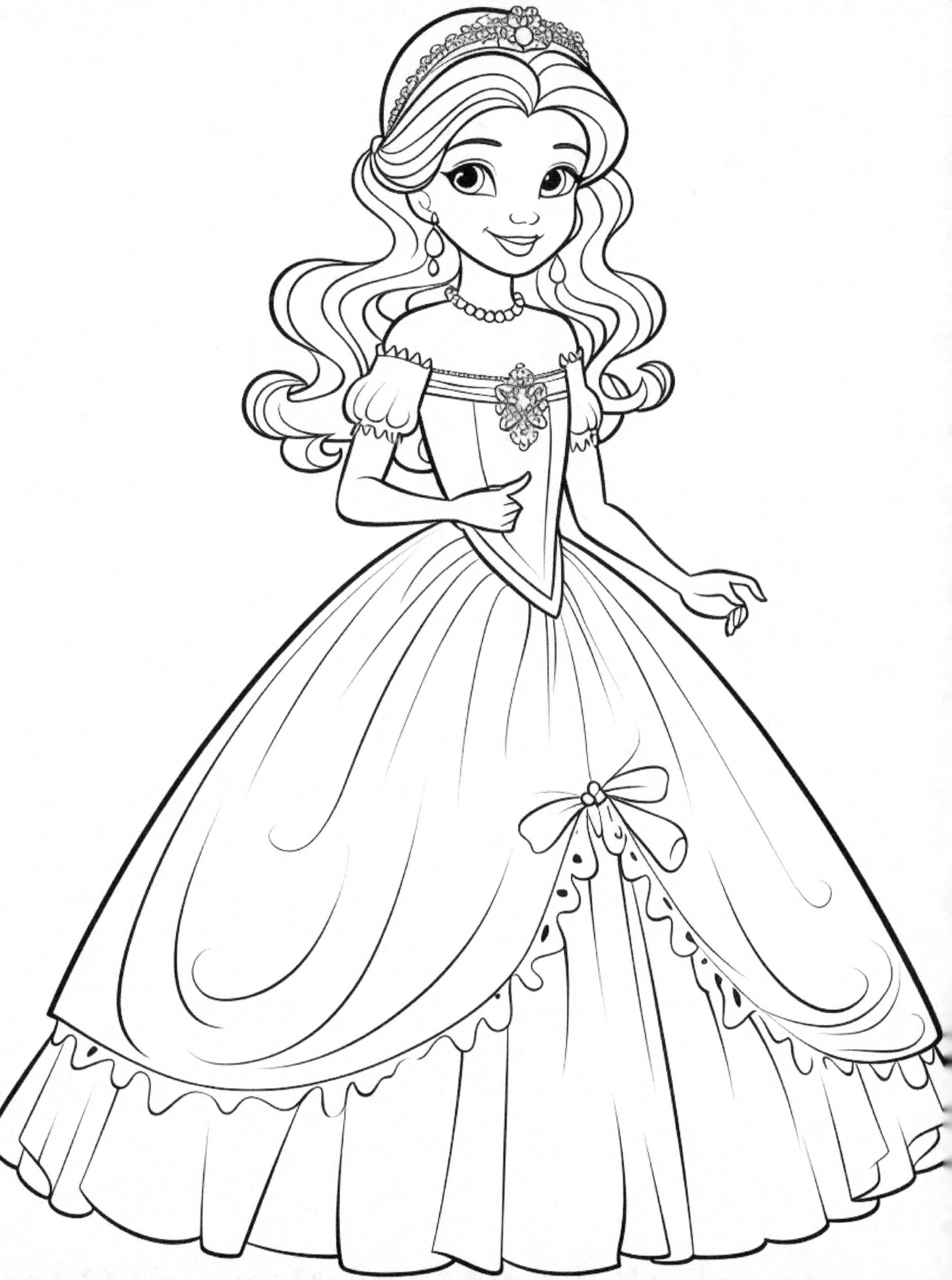

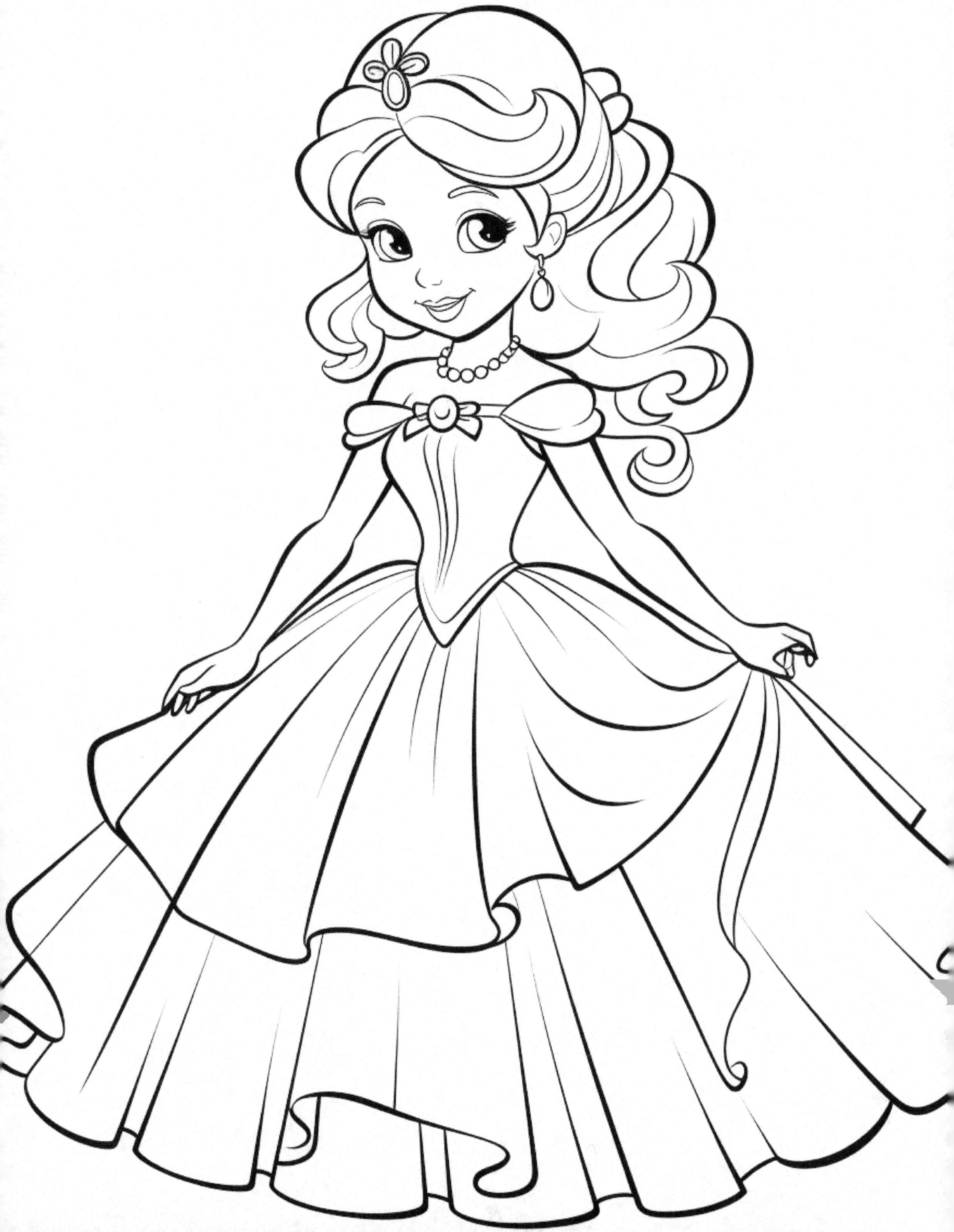

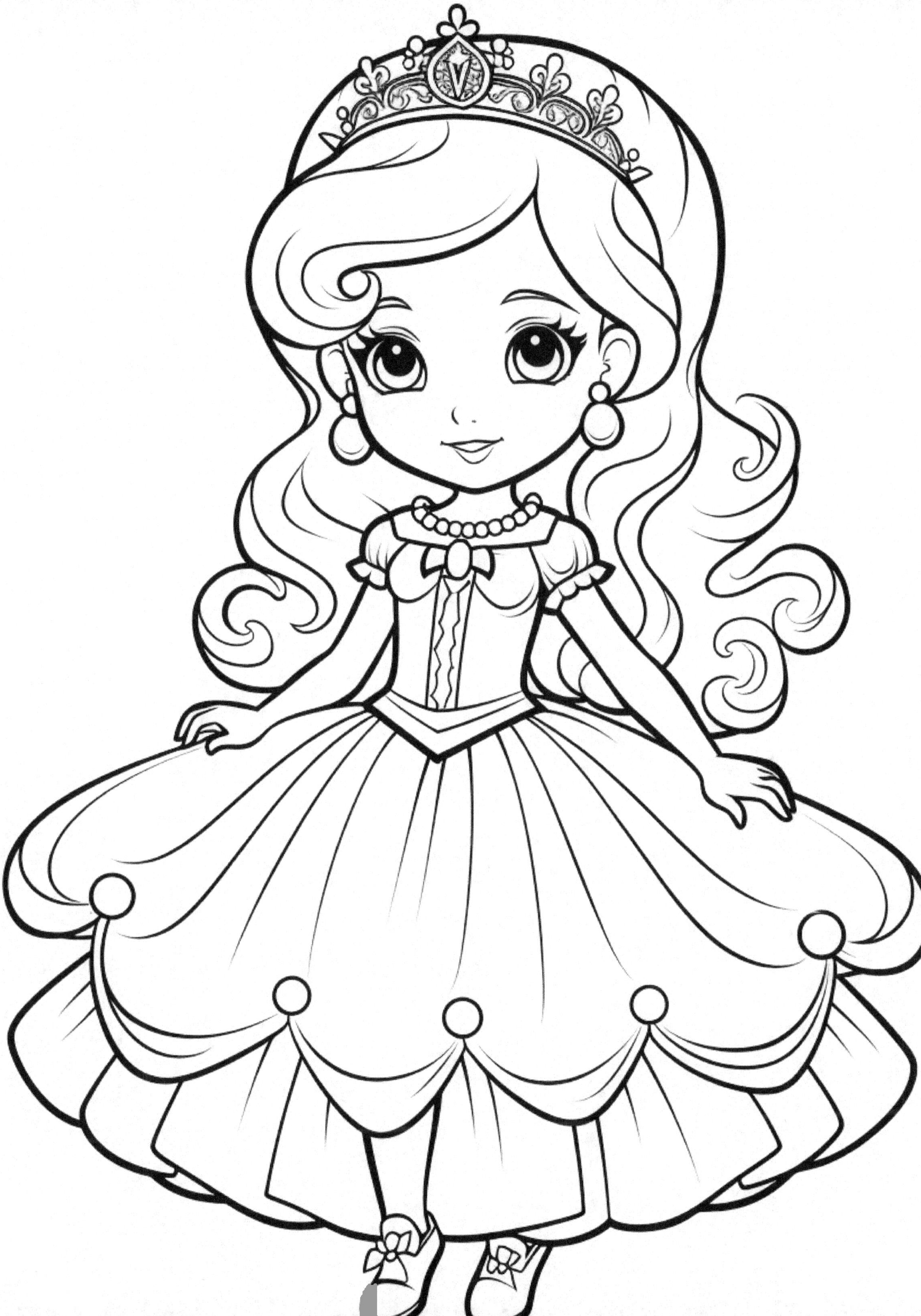

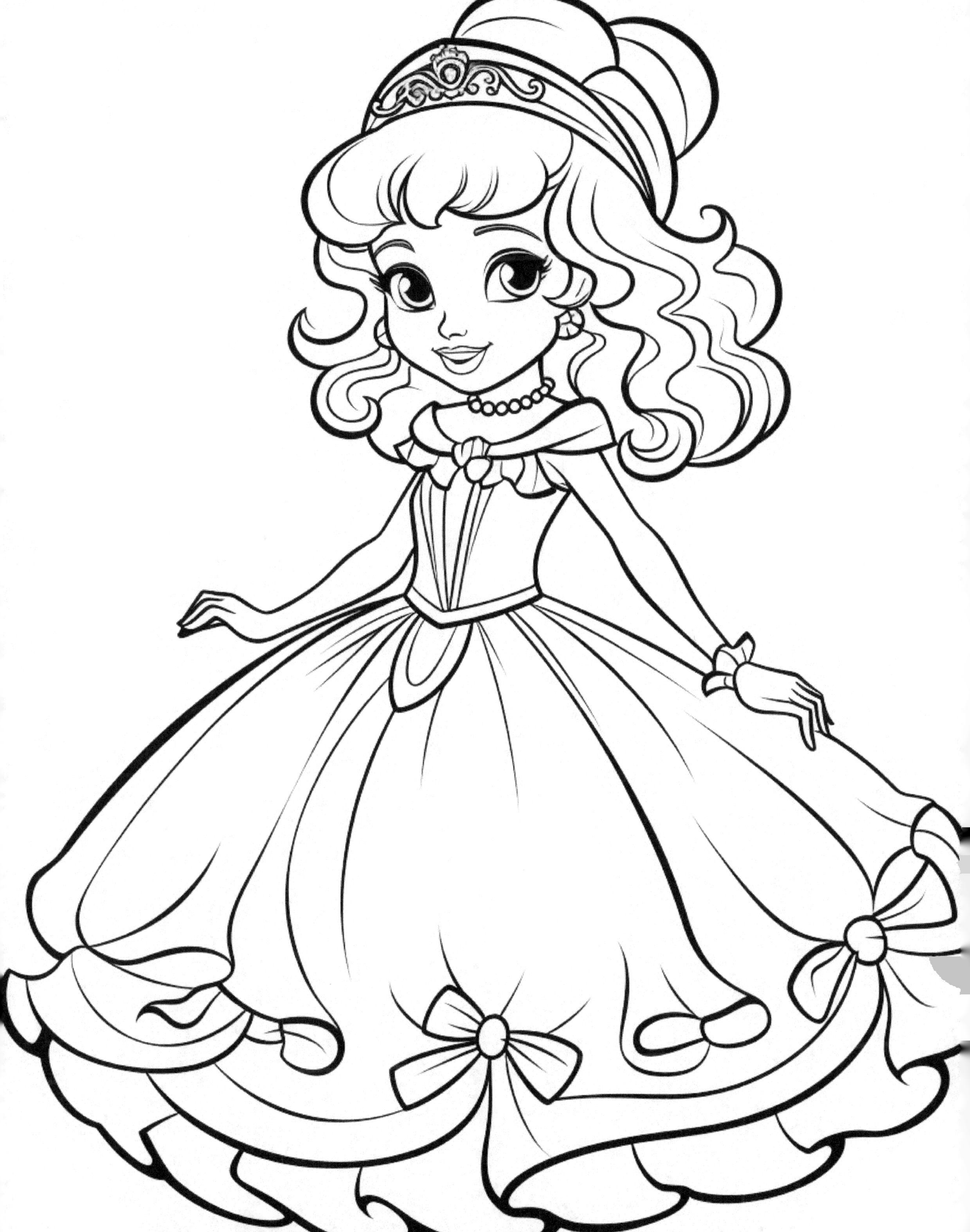

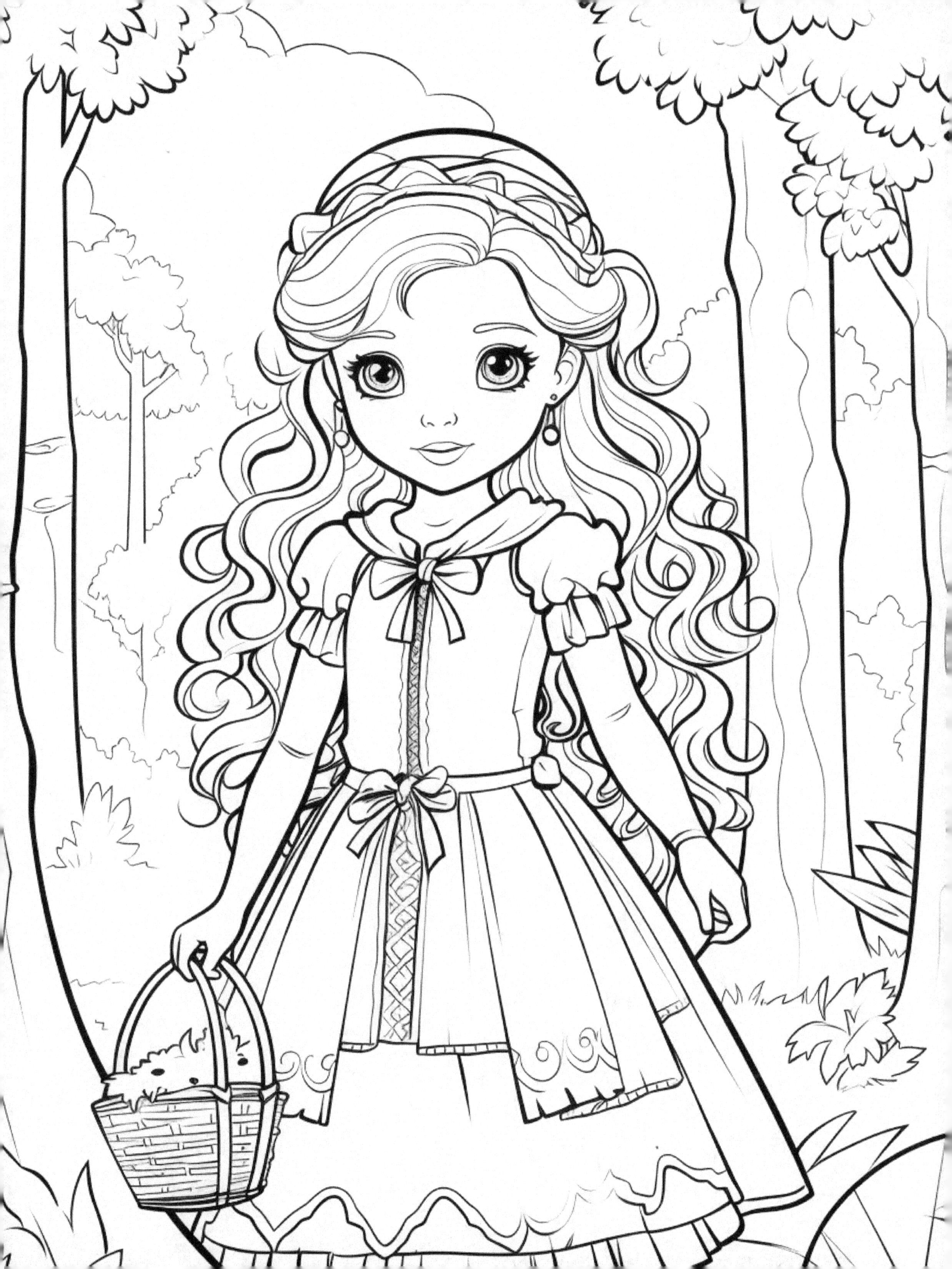

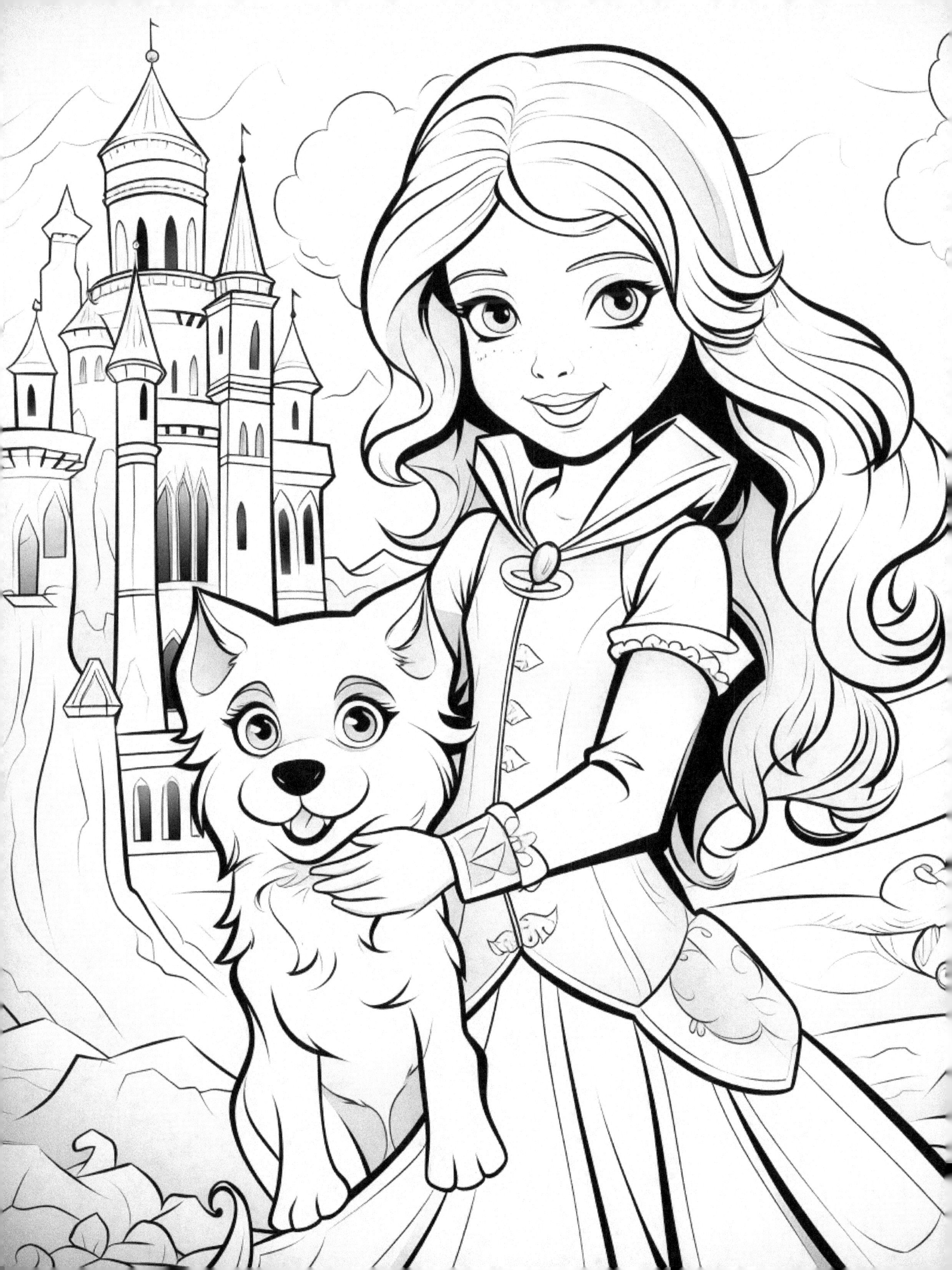

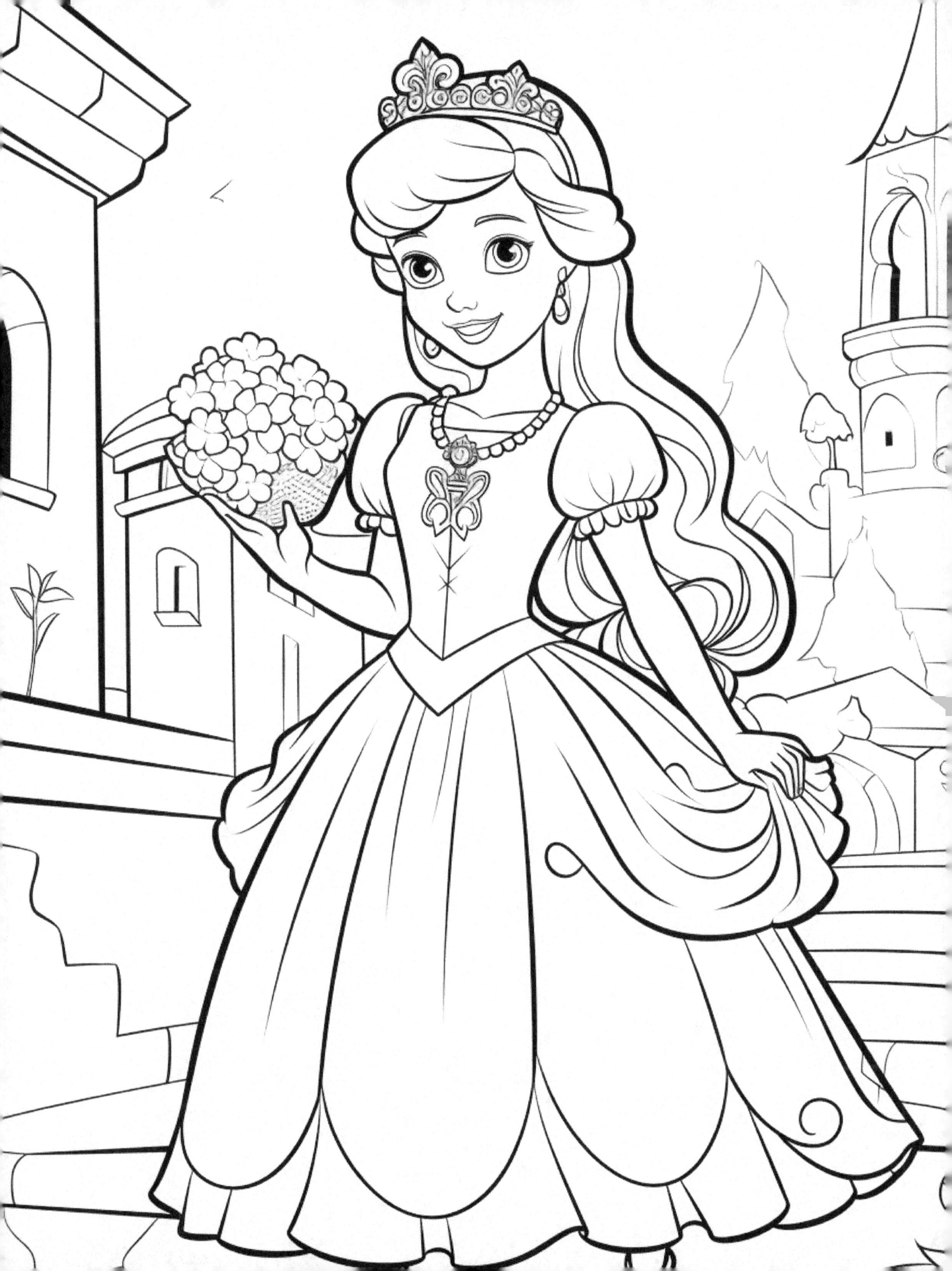

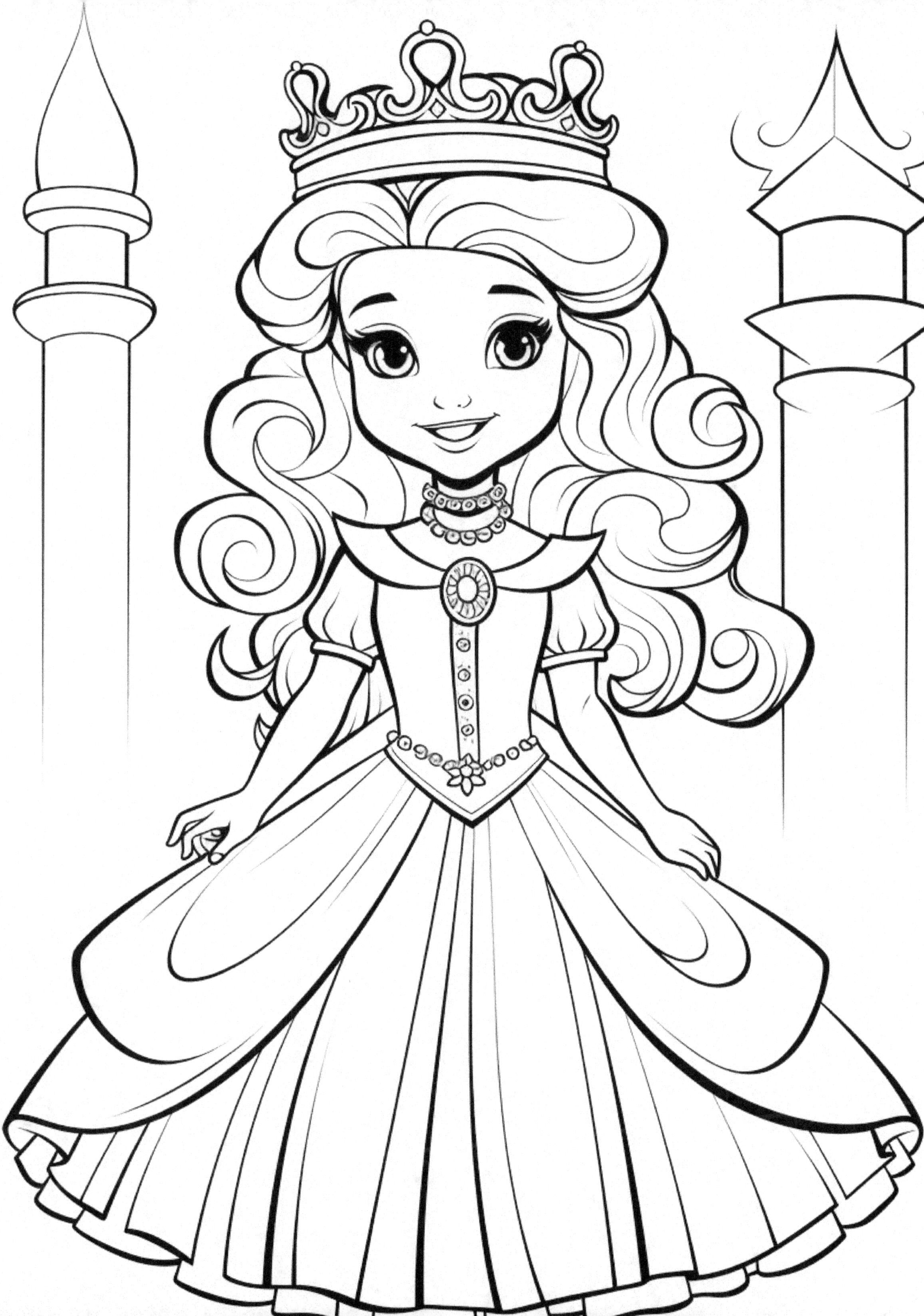

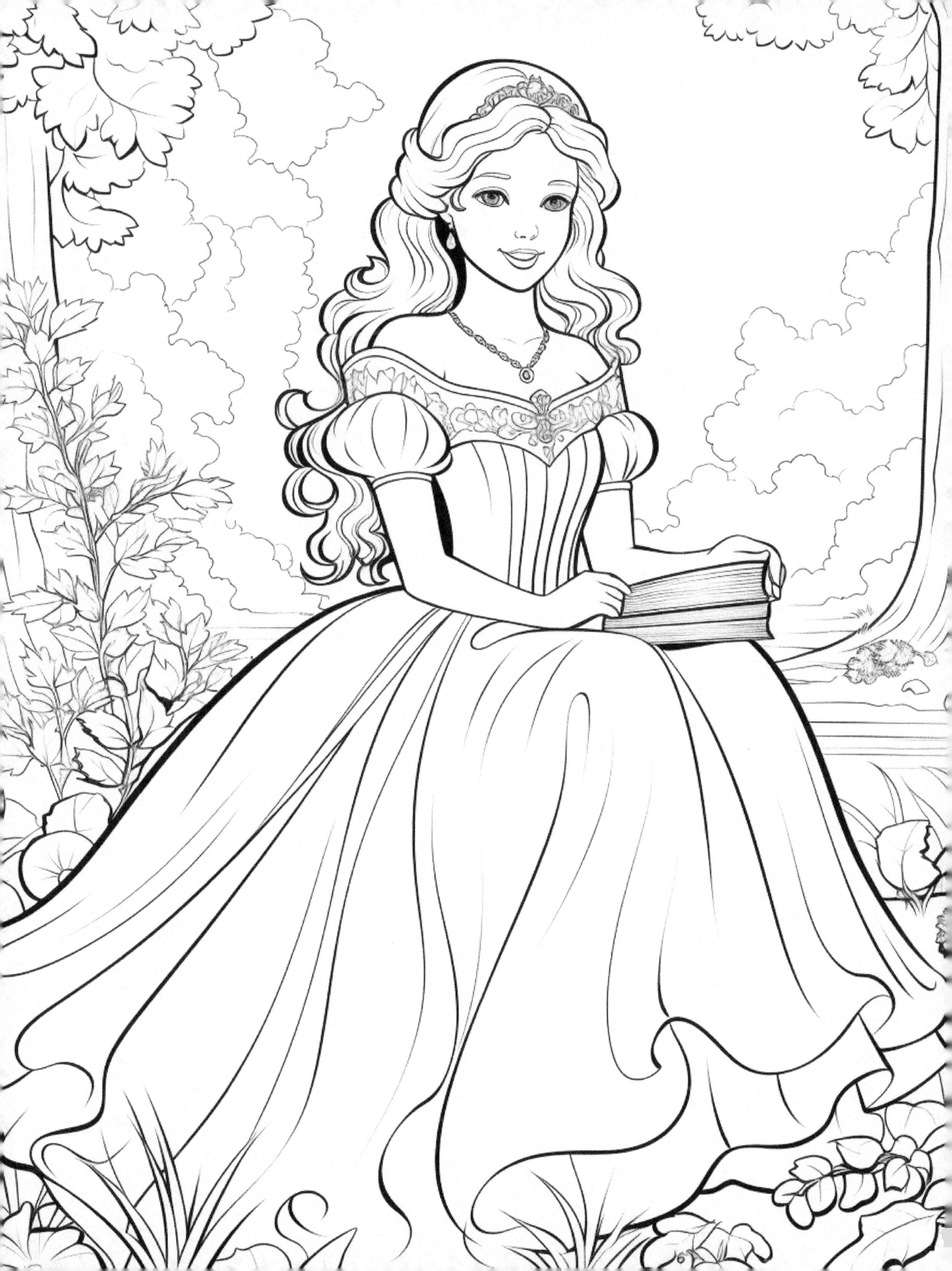

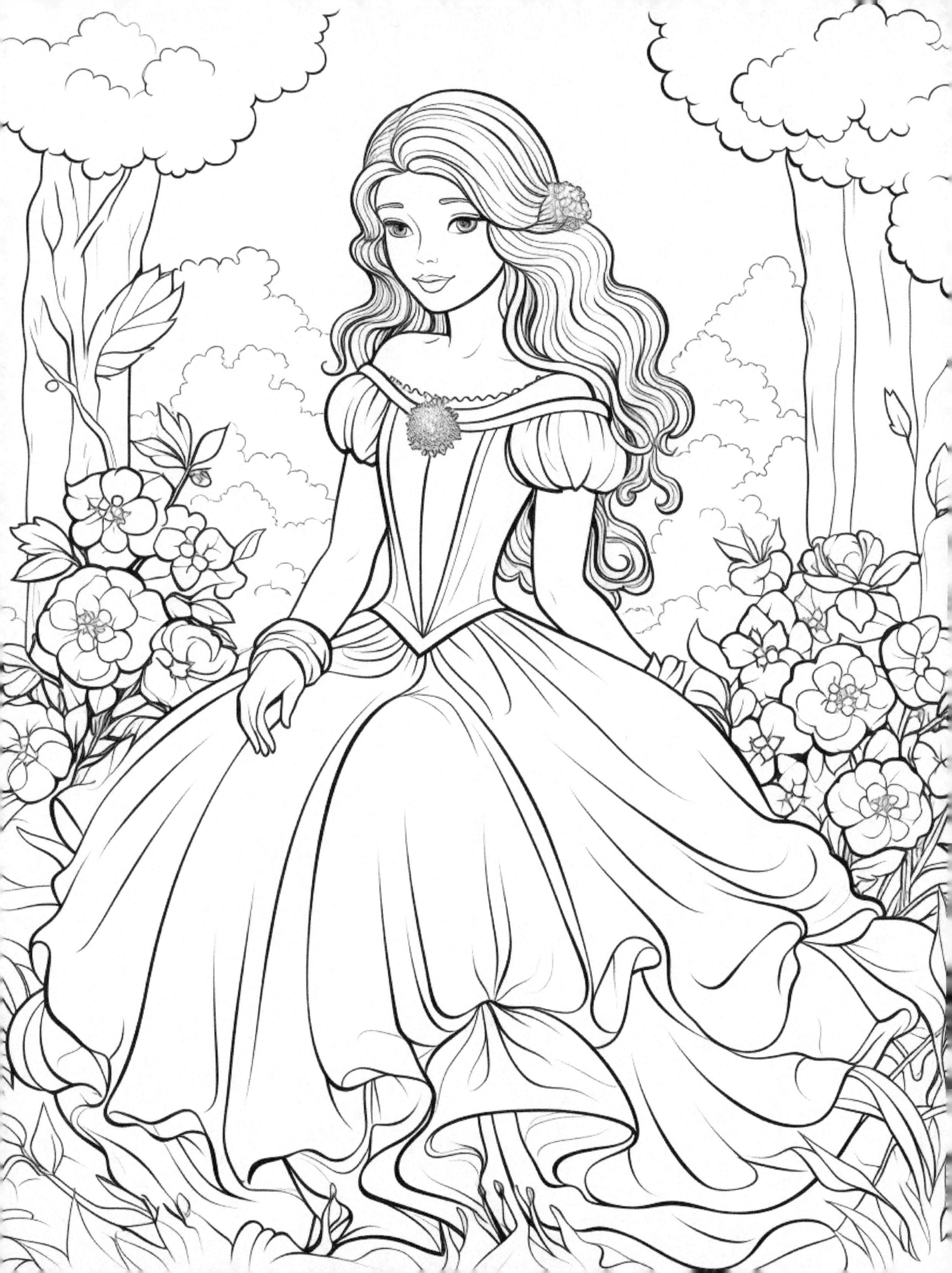

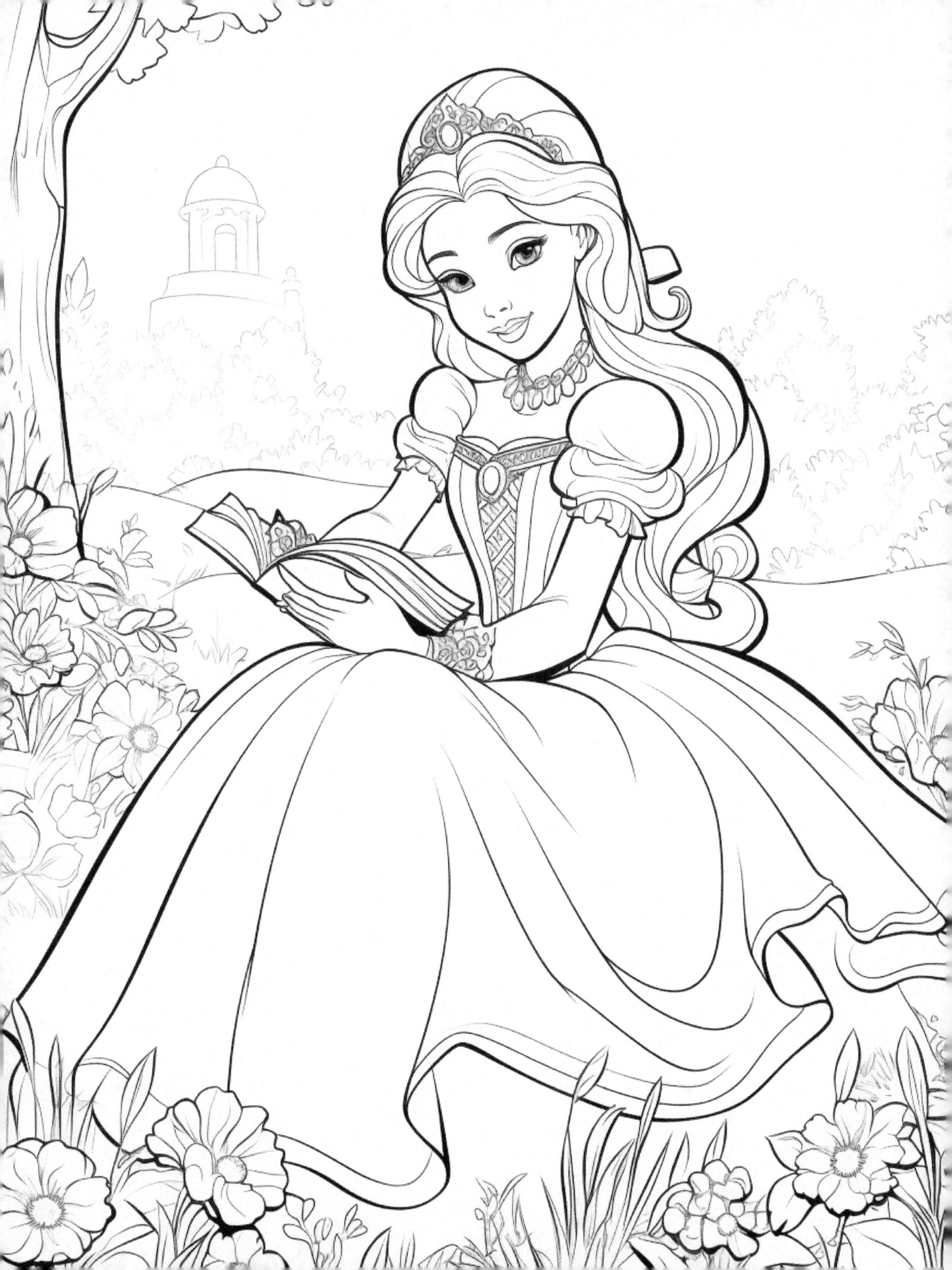

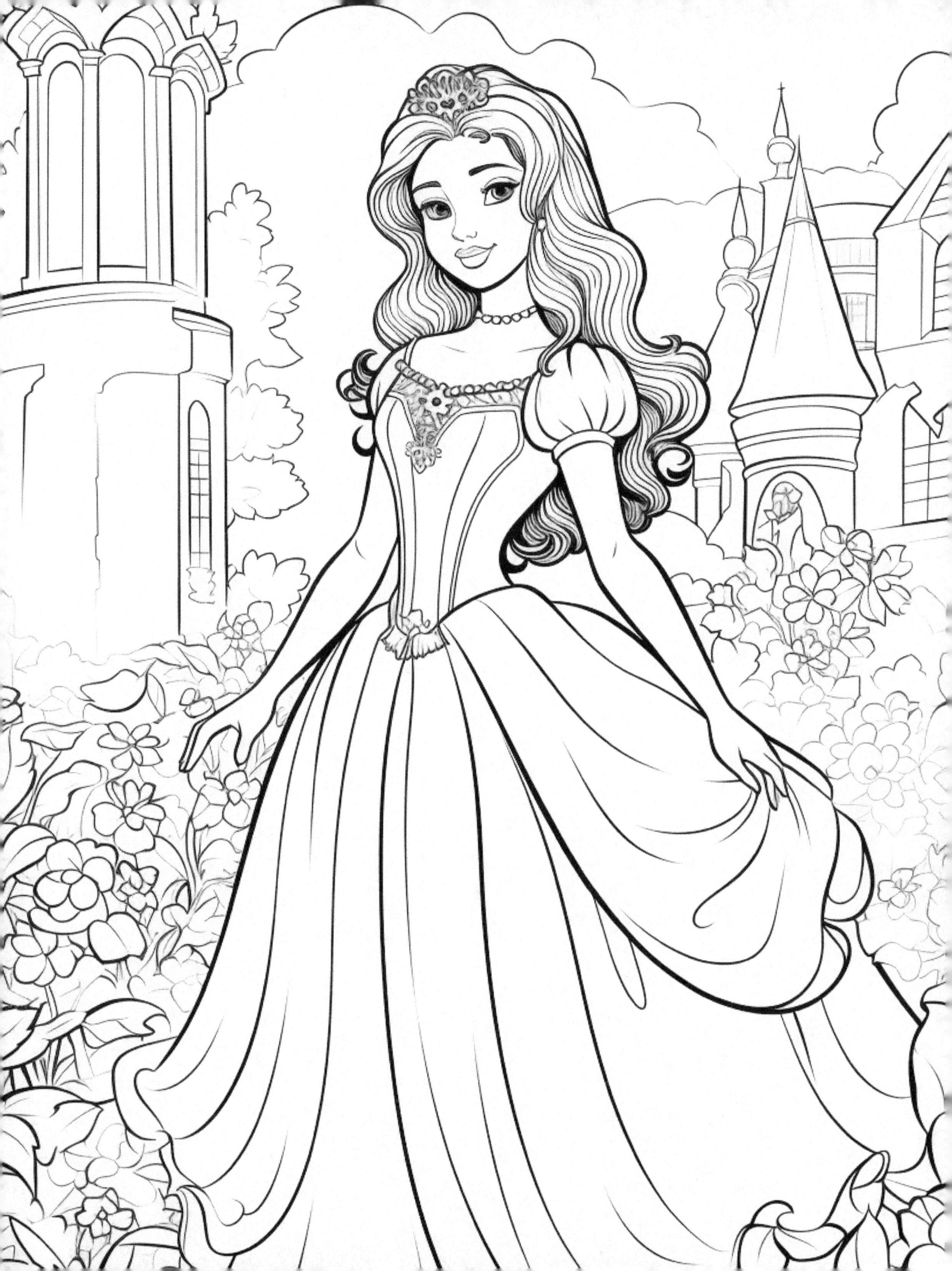

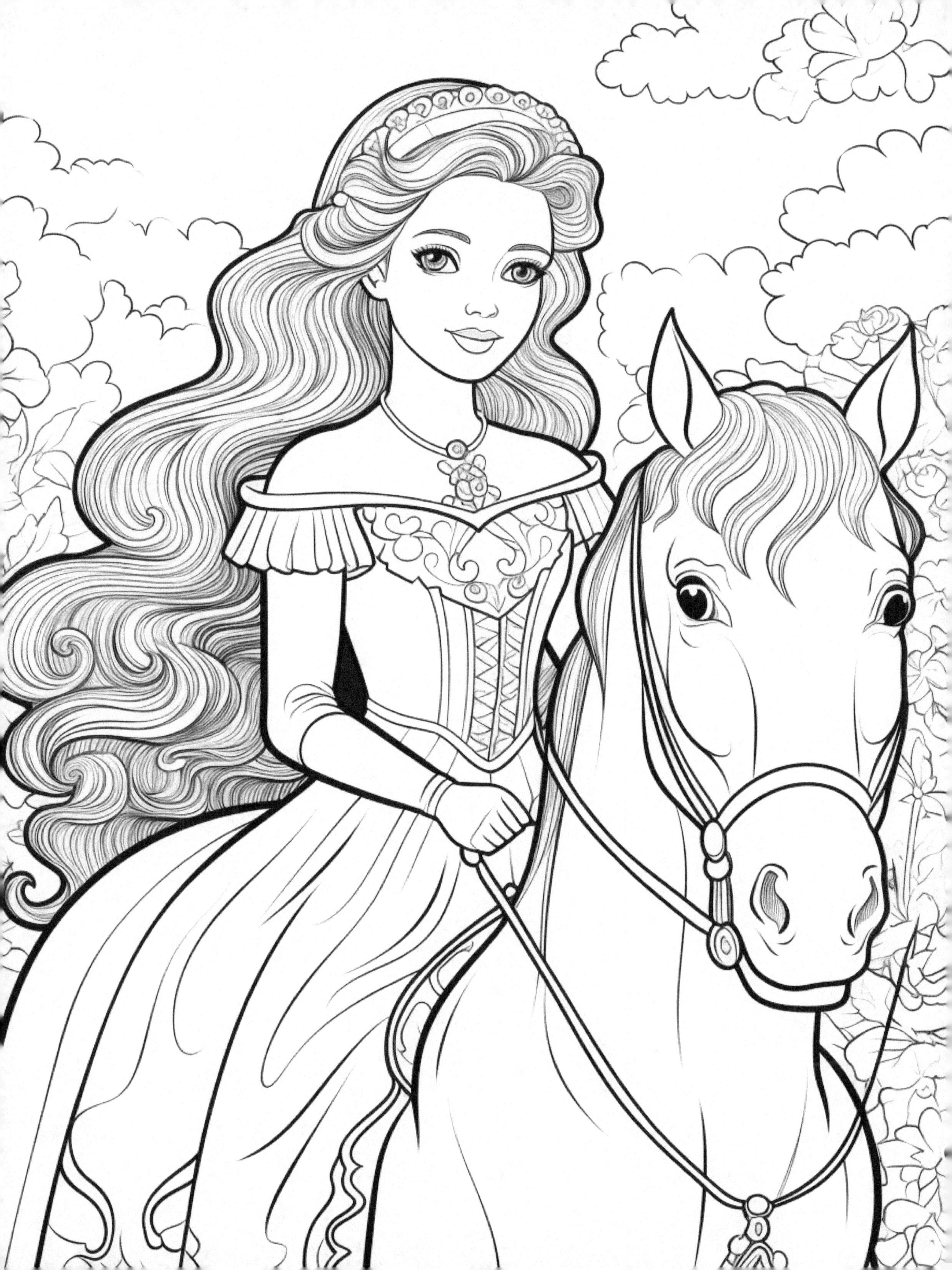

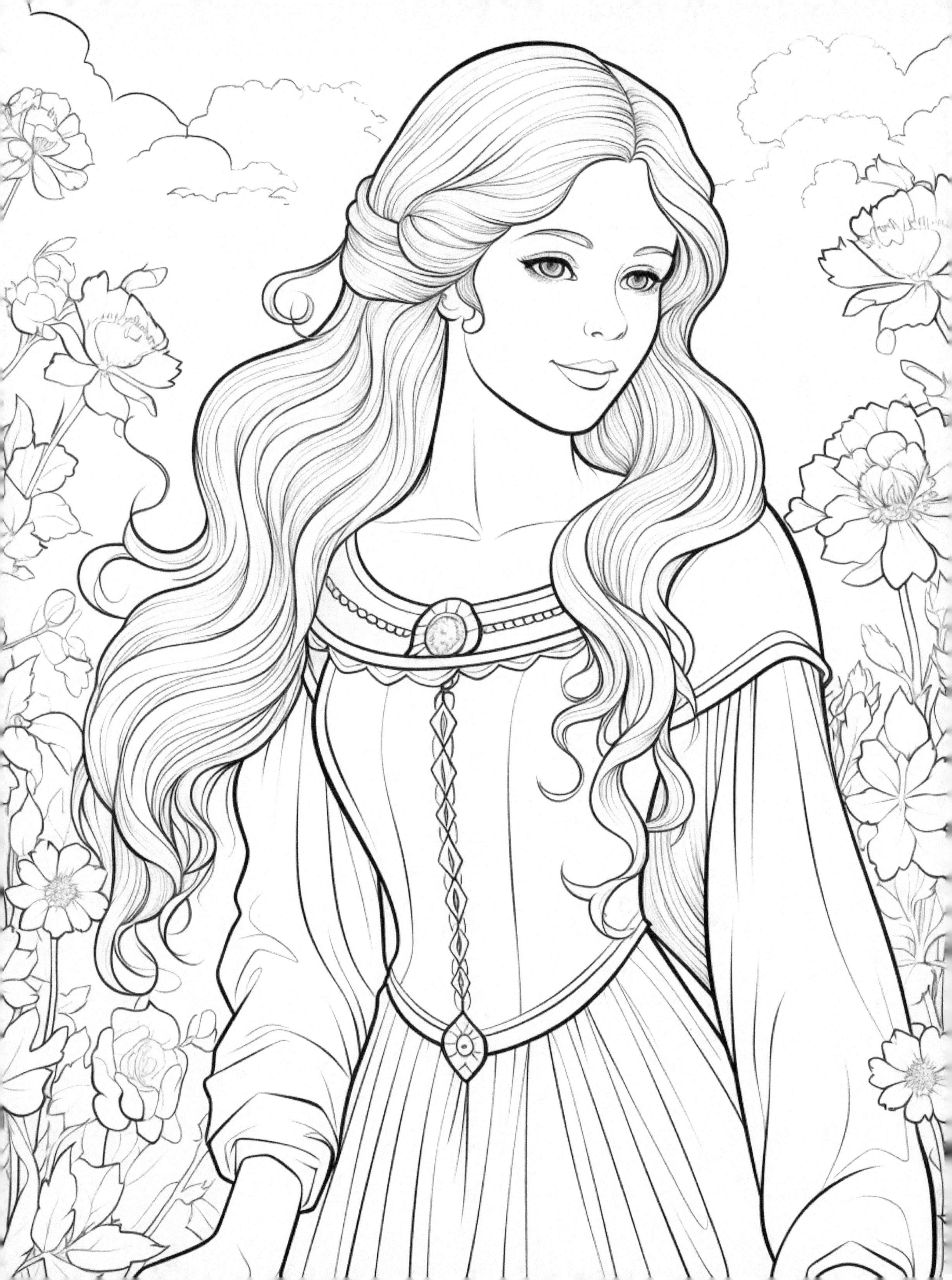

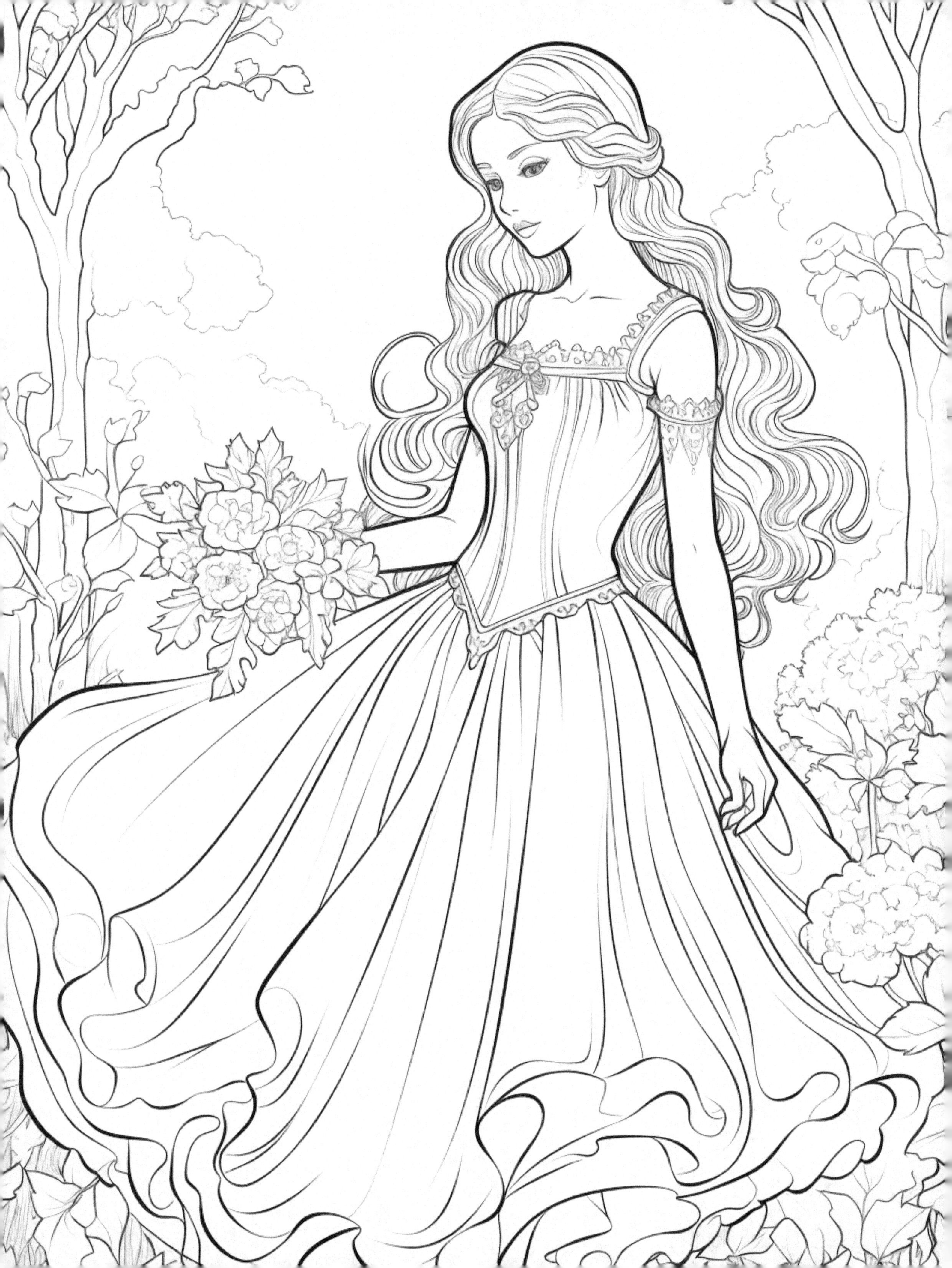

www.ingramcontent.com/pod-product-compliance
Lightning Source LLC
Chambersburg PA
CBHW082225290526
45794CB00009B/3672
* 9 7 9 8 8 5 9 5 3 9 7 7 2 *